新 俳句・季語事典 1

山田みづえ 監修

春の季語入門

石田郷子◆著

ちるさくら海《うみ》あを《お》ければ海《うみ》へちる

高《たか》屋《や》窓《そう》秋《しゅう》

春《はる》の海《うみ》終日《ひねもす》のたりのたりかな

蕪村《ぶそん》

雪《ゆき》とけて村《むら》一《いっ》ぱいの子《こ》ども哉《かな》
一茶《いっさ》

赤《あか》い椿《つばき》白《しろ》い椿《つばき》と落《お》ちにけり

河《かわ》東《ひがし》碧《へき》梧《ご》桐《とう》

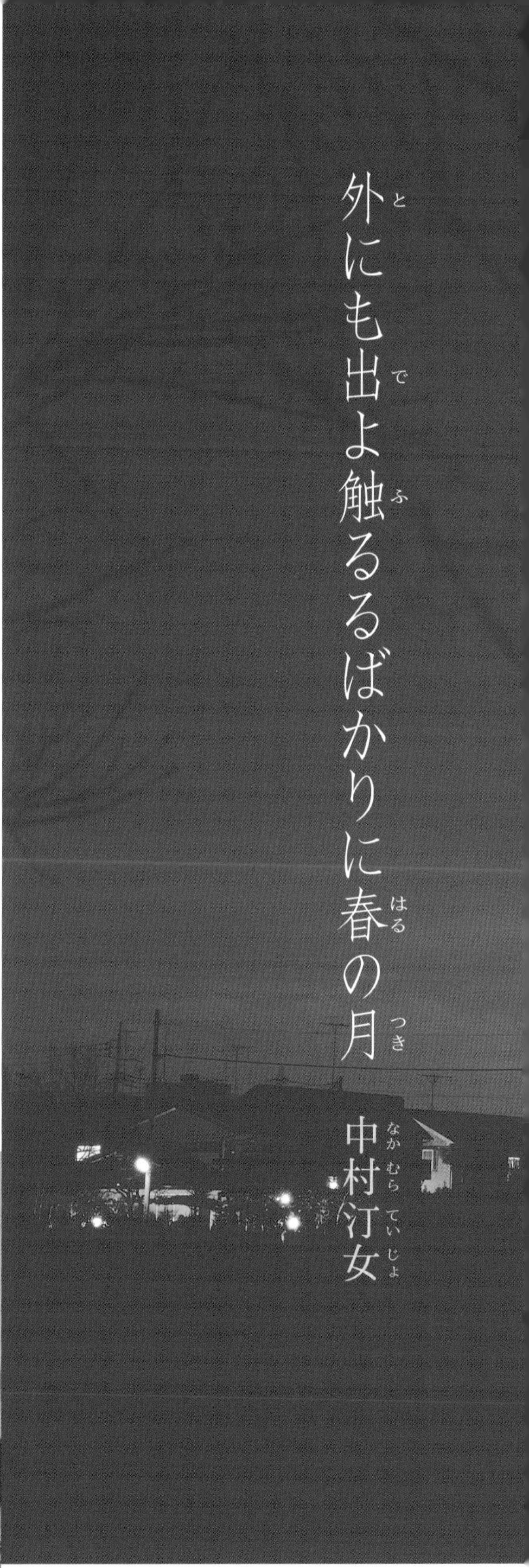

外《と》にも出《で》よ触《ふ》るるばかりに春《はる》の月《つき》

中村《なかむら》汀女《ていじょ》

時《と》計《けい》屋《や》の時《と》計《けい》春《はる》の夜《よ》どれがほんと

久《く》保《ぼ》田《た》万《まん》太《た》郎《ろう》

春の季語入門

もくじ

巻頭名句《かんとうめいく》　高屋窓秋／蕪村／一茶／河東碧梧桐／中村汀女／久保田万太郎　2

監修《かんしゅう》のことば　〝子《こ》どもの歳時記《さいじき》〟に祝福《しゅくふく》を　山田《やまだ》みづえ　9

著者《ちょしゃ》のことば　この本《ほん》の特徴《とくちょう》～凡例《はんれい》に代《か》えて～　石田郷子《いしだきょうこ》　10

春《はる》の季語《きご》　12

あとがき　読者《どくしゃ》のみなさんへ　76

季語索引《きごさくいん》　83

人名索引《じんめいさくいん》　79

［協力］内堀毅写真事務所・福田一美／白河天文台／俳人協会刊『学校教育と俳句』／俳人協会主催「夏休み親子俳句教室」／大分県「豊っ子の会」／「ぐろっけ」「航標」「天為」「天穹」子ども俳句欄／広島県五日市観音西小学校

監修《かんしゅう》のことば
”子《こ》どもの歳時記《さいじき》“に祝福《しゅくふく》を――――山田《やまだ》みづえ

子《こ》どものための『季語事典《きごじてん》』！

この書《しょ》が、日本《にっぽん》の子《こ》ども達《たち》にとって、生《う》まれてはじめて出会《であ》う歳時記《さいじき》になるかもしれないという誇《ほこ》りと自負《じふ》を覚《おぼ》えます。そして、慈愛《じあい》のまなざしを湛《たた》えて、子《こ》ども達《たち》のもとに送《おく》り出《だ》したいと思《おも》います。

昔々《むかしむかし》、ちょっと取《と》り付《つ》き難《がた》い思《おも》いで、大人《おとな》の歳時記《さいじき》を操《く》ったことをなつかしく感《かん》じながら、この『季語事典《きごじてん》』に出会《であ》う皆《みな》さんに祝福《しゅくふく》を捧《ささ》げます。

日本語《にほんご》の良《よ》さ、俳句《はいく》の親《した》しさ、日本《にほん》の四季《しき》のよろしさを充分《じゅうぶん》に楽《たの》しんでください。

著者《ちょしゃ》のことば

この本《ほん》の特徴《とくちょう》――凡例《はんれい》に代《か》えて――

石田郷子《いしだきょうこ》

『新《しん》 俳句《はいく》・季語事典《きごじてん》』は、広《ひろ》く小学生《しょうがくせい》から中学生《ちゅうがくせい》のみなさんに俳句《はいく》に親《した》しんでいただくつもりで書《か》きました。

現在《げんざい》、歳時記《さいじき》（俳句《はいく》の季語集《きごしゅう》）に収《おさ》められている季語《きご》は五千《ごせん》ほどですが、この本《ほん》では、みなさんの生活《せいかつ》のなかで実際《じっさい》に見《み》ることができるもの、体験《たいけん》できるものを中心《ちゅうしん》に選《えら》びました。また、なかなかふれる機会《きかい》のないものでも、知《し》っておいていただきたいと思《おも》った季語《きご》は残《のこ》しました。

この本《ほん》で取《と》り上《あ》げた俳句《はいく》は、既刊《きかん》の歳時記《さいじき》、アンソロジーなどから引用《いんよう》させていただきました。また、歴史的《れきしてき》かなづかいなど、ほとんど原文《げんぶん》のままですが、漢字《かんじ》は新字《しんじ》に、「〳〵」や「ゝ」などのくり返《かえ》し記号《きごう》はひらがなに直《なお》しました。

なお、作者名《さくしゃめい》で、名字《みょうじ》がなく名前《なまえ》のみのものは江戸時代《えどじだい》の俳人《はいじん》の作品《さくひん》です。

最後《さいご》になりましたが、この本《ほん》の大《おお》きな特徴《とくちょう》の一《ひと》つとして、小中学生《しょうちゅうがくせい》のみなさんの作品《さくひん》を、例《れい》句《く》の中《なか》にできるだけたくさん取《と》り上《あ》げさせていただきました。巻頭目次《かんとうもくじ》の頁《ページ》に掲載《けいさい》いたしました各協力団体《かくきょうりょくだんたい》に、この場《ば》をお借《か》りして厚《あつ》くお礼申《れいもう》しあげます。

春の季語

＊本書では、季語を五十音（あいうえお）順ではなく、「時候（暑さや寒さなど気候にまつわるもの）」「天文（気象や天体）」「地理」「生活」「動物」「植物」の順に並べました。

【春《はる》】立春《りっしゅん》（二月四日《にがつよっか》ごろ）から、立夏《りっか》（五月六日《ごがつむいか》ごろ）の前《まえ》の日《ひ》までの三《さん》カ月間《げつかん》をいいます。

麗《うるわ》しき春《はる》の七曜《しちよう》※1またはじまる　山口誓子《やまぐちせいし》
バスを待《ま》ち※2大路《おおじ》の春《はる》をうたがはず　石田波郷《いしだはきょう》
春《はる》ひとり槍投《やりな》げて槍《やり》に歩《あゆ》み寄《よ》る　能村登四郎《のむらとしろう》
猪《しし》※3が来《き》て空気《くうき》を食《た》べる春《はる》の峠《とうげ》　金子兜太《かねことうた》

【二月《にがつ》】二月《にがつ》は一月《いちがつ》と同《おな》じくらい寒《さむ》い月《つき》ですが、暖《あたた》かい地方《ちほう》では、梅《うめ》の花《はな》が咲《さ》いたり、木《こ》の芽《め》がふくらんできたり、うぐいすが鳴《な》いたりして、もう春《はる》のきざしが感《かん》じられます。俳句《はいく》では、二《に》ン月《がつ》ということもあります。

二《に》ン月《がつ》や天神様《てんじんさま》の梅《うめ》の花《はな》　一茶《いっさ》
波《なみ》を追《お》ふ波《なみ》いそがしき二月《にがつ》かな　久保田万太郎《くぼたまんたろう》
天井《てんじょう》に水《みず》の明《あか》るさ来《き》て二月《にがつ》　桂《かつら》信子《のぶこ》

【旧正月《きゅうしょうがつ》】旧暦《きゅうれき》（明治五年《めいじごねん》まで使《つか》われていた暦《こよみ》）での正月《しょうがつ》をいいます。二月《にがつ》の立《りっ》春《しゅん》のころで、今《いま》でもこの日《ひ》にあらためて新年《しんねん》のお祝《いわ》いをする地域《ちいき》もあります。旧正《きゅうしょう》ともいいます。

※1 **七曜《しちよう》**…日曜《にちよう》から土曜《どよう》まで一週間《いっしゅうかん》の曜日《ようび》のこと。

※2 **大路《おおじ》**…大通《おおどお》り。

※3 **猪《しし》**…いのししのことを「しし」ともいいます。

ふるさとや旧正月《きゅうしょうがつ》の雪籠《ゆきごも》り※4　名和三幹竹《なわさんかんちく》

【寒明《かんあ》け】一月六日《いちがつむいか》ごろ（寒《かん》の入《い》り）からの三十日間《さんじゅうにちかん》を寒《かん》といい、寒《かん》の時期《じき》が終《お》わることを、寒明《かんあ》けといいます。立春《りっしゅん》と同《おな》じ、二月《にがつ》の四日《よっか》ごろです。寒明《かんあ》くる（寒《かん》明《あ》ける）ともいいます。

寒明《かんあ》けの波止場《はとば》※5に磨《みが》く旅《たび》の靴《くつ》　沢木欣一《さわききんいち》

顔《かお》すこし小《ちい》さくなりて寒明《かんあ》くる　青柳志解樹《あおやぎしげき》

【立春《りっしゅん》】二十四節気《にじゅうしせっき》（季節《きせつ》の変化《へんか》を示《しめ》すことば）の一《ひと》つです。二月四日《にがつよっか》ごろに当《あ》たり、この日《ひ》から春《はる》とします。まだ寒《さむ》くて冬《ふゆ》のようですが、立春《りっしゅん》を過《す》ぎると、どこかに春《はる》の気配《けはい》がしてくるのに気《き》がつきます。春来《はるく》る、春立《はるた》つともいいます。

立春《りっしゅん》のその後《ご》の寒《さむ》さ言《い》ひ合《あ》へる　石塚友二《いしづかともじ》

冬《ふゆ》よりも小《ちい》さき春《はる》の来《きた》るらし　相生垣瓜人《あいおいがきかじん》

【睦月《むつき》】旧暦《きゅうれき》の一月《いちがつ》をいいます。だいたい今《いま》の二月《にがつ》ごろに当《あた》ります。

睦月富士翼《むつきふじつばさ》のごとき雲《くも》持《も》てり　山吉空果《やまよしくうか》

※4　**雪籠《ゆきごも》り**…雪《ゆき》のために、外《そと》に出《で》ずに家《いえ》にこもっていること。

※5　**波止場《はとば》**…港《みなと》

【春浅《はるあさ》し】春《はる》のはじめの感《かん》じをいいます。まだ寒《さむ》い日《ひ》が多《おお》くて、急《きゅう》には春《はる》らしくなりません。また、このころを早春《そうしゅん》といいます。「浅《あさ》し」は「浅《あさ》い」の文語《ぶんご》（平安《へいあん》時代《じだい》のことばを基本《きほん》にしてつくられた書《か》きことば）です。

春浅《はるあさ》き木立《こだち》の上《うえ》の空《そら》のいろ　柴田白葉女《しばたはくようじょ》

早春《そうしゅん》の森《もり》にあつまり泥《どろ》の径《みち》　鈴木六林男《すずきむりお》

早春《そうしゅん》の見《み》えぬもの降《ふ》る雑木山《ぞうきやま》　山田《やまだ》みづえ

【冴返《さえかえ》る】春《はる》になって暖《あたた》かくなったと思《おも》っているときに、急《きゅう》に寒《さむ》さがぶり返《かえ》すことをいいます。寒戻《かんもど》るともいいます。

冴返《さえかえ》り冴返《さえかえ》りつつ春《はる》なかば　西山泊雲《にしやまはくうん》

寒戻《かんもど》る寒《かん》にとどめをさすごとく　鷹羽狩行《たかはしゅぎょう》

【春寒《はるさむ》】しゅんかんとも読《よ》みます。春《はる》になっても、まだ寒《さむ》さがきびしいことをいいます。また、春寒《はるさむ》しとも春《はる》の寒《さむ》さともいいます。

さびしさと春《はる》の寒《さむ》さとあるばかり　上村占魚《うえむらせんぎょ》

春寒《はるさむ》や砂《すな》につぶやく波《なみ》の泡《あわ》　龍《りゅう》 橙風子《とうふうし》

蓋開《ふたあ》けて電池直列春寒《でんちちょくれつはるさむ》し　奥坂《おくざか》まや

波の泡

【余寒《よかん》】春《はる》になってもまだ残《のこ》っている寒《さむ》さのことです。春寒《はるさむ》と似《に》たことばです。残《のこ》る寒《さむ》さともいいます。

鎌倉《かまくら》を驚《おどろ》かしたる余寒《よかん》あり　高浜虚子《たかはまきょし》

【春《はる》めく】春《はる》らしくなってくることをいいます。

片手《かたて》ぶくろ失《うしな》ひしより春《はる》めくや　及川《おいかわ》 貞《てい》
春《はる》めくや鸚鵡《おうむ》のこゑ《え》とひとのこゑ《え》　細川加賀《ほそかわかが》

【三月《がつ》】三月《さんがつ》になるとだんだん暖《あたた》かくなり、いよいよ春《はる》らしくなってきます。梅《うめ》や椿《つばき》の花《はな》が咲《さ》き、菜《な》の花《はな》も咲《さ》いて、蝶《ちょう》が飛《と》びまわり、小鳥《ことり》もさえずりはじめます。

三月《さんがつ》の噴水服《ふんすいふく》の色《いろ》いろいろ　川崎展宏《かわさきてんこう》
三月《さんがつ》の甘納豆《あまなっとう》のうふふふふ　坪内稔典《つぼうちとしのり》

【如月《きさらぎ》】旧暦《きゅうれき》の二月《にがつ》をいいます。だいたい今《いま》の三月《さんがつ》ごろに当《あた》ります。「きさらぎ」ということばには、草《くさ》や木《き》がよみがえるという意味《いみ》があります。

如月《きさらぎ》や日本《にほん》の菓子《かし》の美《うつく》しき　永井東門居《ながいとうもんきょ》

如月《きさらぎ》やうすむらさきの蜆殻《しじみがら》　増田龍雨《ますだりゅうう》

如月《きさらぎ》の空ほころびて人《ひと》の声《こえ》　海津篤子《かいづあつこ》

【けいちつ】けいちつは二十四節気《にじゅうしせっき》の一《ひと》つで、冬《ふゆ》の間《あいだ》土《つち》の中《なか》で冬眠《とうみん》していた虫《むし》たちが、暖《あたた》かくなったので地上《ちじょう》に出《で》てくる日《ひ》という意味《いみ》です。だいたい三月六日《さんがつむいか》ごろに当《あた》ります。地虫出《じむしい》づともいいます。

啓蟄《けいちつ》の土《つち》くれ躍《おど》り掃《は》かれけり　吉岡禅寺洞《よしおかぜんじどう》

啓蟄《けいちつ》の蚯蚓《みみず》の紅《べに》のすきとほる　山口青邨《やまぐちせいそん》

地虫出《じむしで》てすぐにひとつぶ雨《あめ》あたる　飴山實《あめやまみのる》

【春分《しゅんぶん》】二十四節気《にじゅうしせっき》の一《ひと》つで、三月二十一日《さんがつにじゅういちにち》ごろ、昼《ひる》と夜《よる》の時間《じかん》の長《なが》さが同《おな》じくらいになる日《ひ》です。春分《しゅんぶん》の日《ひ》、または中日《ちゅうにち》といいます。秋《あき》にも昼《ひる》と夜《よる》が同《おな》じ長《なが》さになる日《ひ》があって、その日《ひ》を秋分《しゅうぶん》といいます。

和菓子

春分《しゅんぶん》の日《ひ》をやはらかくひとりかな　山田《やまだ》みづえ
春分《しゅんぶん》のおどけ雀《すずめ》と目覚《めざ》めけり　星野麥丘人《ほしのばっきゅうじん》
正午《しょうご》さす春分《しゅんぶん》の日《ひ》の花時計《はなどけい》※6　松岡《まつおか》ひでたか

【彼岸《ひがん》】春分《しゅんぶん》の日《ひ》の三日前《みっかまえ》から、春分《しゅんぶん》の日《ひ》の三日《みっか》あとまでの七日間《なのかかん》を彼岸《ひがん》といいます。このときには大勢《おおぜい》の人《ひと》が墓参《はかまい》りをしたり、寺《てら》にお参《まい》りしたりします。彼岸《ひがん》の最初《さいしょ》の日《ひ》を彼岸《ひがん》の入《い》りといいます。秋《あき》にも彼岸《ひがん》があって、秋彼岸《あきひがん》と呼《よ》びます。

毎年《まいとし》よ彼岸《ひがん》の入《いり》に寒《さむ》いのは　正岡子規《まさおかしき》
藁屋根《わらやね》※7のあを《お》ぞらかぶる彼岸《ひがん》かな　久保田万太郎《くぼたまんたろう》
お彼岸《ひがん》のきれいな顔《かお》の雀《すずめ》かな　勝又一透《かつまたいっとう》

【四月《しがつ》】四月《しがつ》は春《はる》の最後《さいご》の月《つき》です。桜《さくら》をはじめとして、いろいろな花《はな》が咲《さ》き、鳥《とり》もさかんにさえずります。また、入学《にゅうがく》や、就職《しゅうしょく》など、人《ひと》が新《あたら》しく何《なに》かをはじめることの多《おお》い時期《じき》です。

ありそうな話《はなし》やつ《(っ)》ぱりある四月《しがつ》　宇多喜代子《うだきよこ》
眠《ねむ》り児《ご》の眉美《まゆうつく》しき四月《しがつ》かな　大嶽青児《おおたけせいじ》

※6 **花時計《はなどけい》**…文字盤《もじばん》に花《はな》を植《う》え込《こ》んだ時計《とけい》で、公園《こうえん》や広《ひろ》場《ば》にあります。

※7 **藁屋根《わらやね》**…藁葺《わらぶ》きの屋根《やね》。

わらぶき

【弥生《やよい》】旧暦《きゅうれき》の三月《さんがつ》をいいます。だいたい今《いま》の四月《しがつ》ごろに当《あた》ります。

海《うみ》も山《やま》も弥生《やよい》を待《ま》つ《（っ）》てゐ《い》たりけり　阿部《あべ》みどり女《じょ》

【春深《はるふか》し】桜《さくら》の花《はな》も散《ち》って、春《はる》のさかりが過《す》ぎたころの感《かん》じをいいます。春深《はるふか》むともいいます。「深《ふか》し」は「深《ふか》い」の文語《ぶんご》です。

旦《あした》※8よりしづ《ず》かに眠《ねむ》り春深《はるふか》し　日野草城《ひのそうじょう》

春深《はるふか》く芋《いも》金色《こんじき》に煮《に》上《あが》りぬ　桂《かつら》信子《のぶこ》

【行《ゆ》く春《はる》】過《す》ぎてゆく春《はる》を行《ゆ》く春《はる》といいます。春《はる》が終《お》わることです。また、行《ゆ》く春《はる》を惜《お》しむことを春惜《はるお》しむといいます。

行《ゆく》はるや鳥啼《とりなき》うを《お》の目《め》は泪《なみだ》　芭蕉《ばしょう》

ゆく春《はる》やおもたき※9琵琶《びわ》の抱《だ》き心《ごころ》　蕪村《ぶそん》

自転車《じてんしゃ》の立《た》ち漕《こ》ぎに春惜《はるお》しみけり　能村《のむら》研三《けんぞう》

※8 旦《あした》…朝《あさ》のこと。

※9 琵琶《びわ》…古《ふる》い弦楽器《げんがっき》の一《ひと》つで、ギターのように抱《かか》えてひきます。

【夏近《なつちか》し】春《はる》の終《おわ》りごろをいいます。だんだん日《ひ》の光《ひかり》が強《つよ》くなってきて、暑《あつ》さを感《かん》じたり、草木《くさき》の緑《みどり》が濃《こ》くなったり、夜明《よあ》けが早《はや》くなってきたりして、もう夏《なつ》が近《ちか》い感《かん》じです。夏隣《なつどなり》ともいいます。「近《ちか》し」は「近《ちか》い」の文語《ぶんご》です。

樹上《じゅじょう》より子《こ》の脚《あし》二本《にほん》夏隣《なつどなり》　林《はやし》　翔《しょう》
夏近《なつちか》し雲取山《くもとりやま》に雲湧《くもわ》けば　轡田《くつわだ》　進《すすむ》

【八十八夜《はちじゅうはちや》】立春《りっしゅん》から八十八日目《はちじゅうはちにちめ》を八十八夜《はちじゅうはちや》といいます。年《とし》によってちがいますが、五月《ごがつ》の二日《ふつか》ごろです。このころは遅《おそ》い霜《しも》が降《お》りて農作物《のうさくもつ》に被害《ひがい》が出《で》ることがあります。八十八夜《はちじゅうはちや》を過《す》ぎると天候《てんこう》が安定《あんてい》します。また、茶摘《ちゃつ》みのさかんな時期《じき》です。

ふるさとのあすは八十八夜《はちじゅうはちや》かな　保田《ほだ》ゆり女《じょ》
屋根石《やねいし》※10のころりと八十八夜《はちじゅうはちや》かな　成瀬櫻桃子《なるせおうとうし》
八十八夜東京《はちじゅうはちやとうきょう》は灯《ひ》を荒使《あらづか》い　宇咲冬男《うさきふゆお》

【春暁《しゅんぎょう》】春《はる》の明《あ》け方《がた》のことです。ふつうに春《はる》の朝《あさ》ともいい、春《はる》のあけぼののともいいます。明《あか》るくほのぼのとした感《かん》じがあります。

春暁《しゅんぎょう》やくらりと海月《くらげ》くつがへる　加藤楸邨《かとうしゅうそん》
物思《ものおも》ふ春《はる》あけぼのの明《あか》るさに　高木晴子《たかぎはるこ》

※10 **屋根石《やねいし》**…屋根《やね》の上《うえ》に押《おさ》えのために置《お》く石《いし》。

【春《はる》の昼《ひる》】春《はる》の昼《ひる》はなんとなくのんびりとしたのどかな感《かん》じがします。眠《ねむ》くなってくるような少《すこ》しけだるい感《かん》じです。春昼《しゅんちゅう》ともいいます。

七《なな》いろの貝《かい》の釦《ぼたん》の春《はる》の昼《ひる》　山口誓子《やまぐちせいし》

春昼《しゅんちゅう》や魔法《まほう》の利《き》かぬ魔《ま》法壜《ほうびん》　安住《あずみ》　敦《あつし》

【春《はる》の暮《くれ》】春《はる》の夕方《ゆうがた》のことを春《はる》の暮《くれ》、または春《はる》の夕《ゆう》べといいます。冬《ふゆ》に比《くら》べて日《ひ》が長《なが》くなっているので、ゆっくりと暮《く》れてゆく感《かん》じがします。

家《いえ》を出《で》て家《いえ》に帰《かえ》りぬ春《はる》の暮《くれ》　藤田湘子《ふじたしょうし》

には《わ》とりのすこし飛《と》んだる春《はる》の暮《くれ》　今井杏太郎《いまいきょうたろう》

【春《はる》の夜《よ》】春《はる》の夜《よる》は、どことなくしっとりとやわらかい感《かん》じがします。ほかの季《き》節《せつ》とはちがった感《かん》じです。

春《はる》の夜《よ》や泣《な》きながら寝《ね》る子供達《こどもたち》　村上鬼城《むらかみきじょう》

時計屋《とけいや》の時計《とけい》春《はる》の夜《よ》どれがほんと　久保田万太郎《くぼたまんたろう》

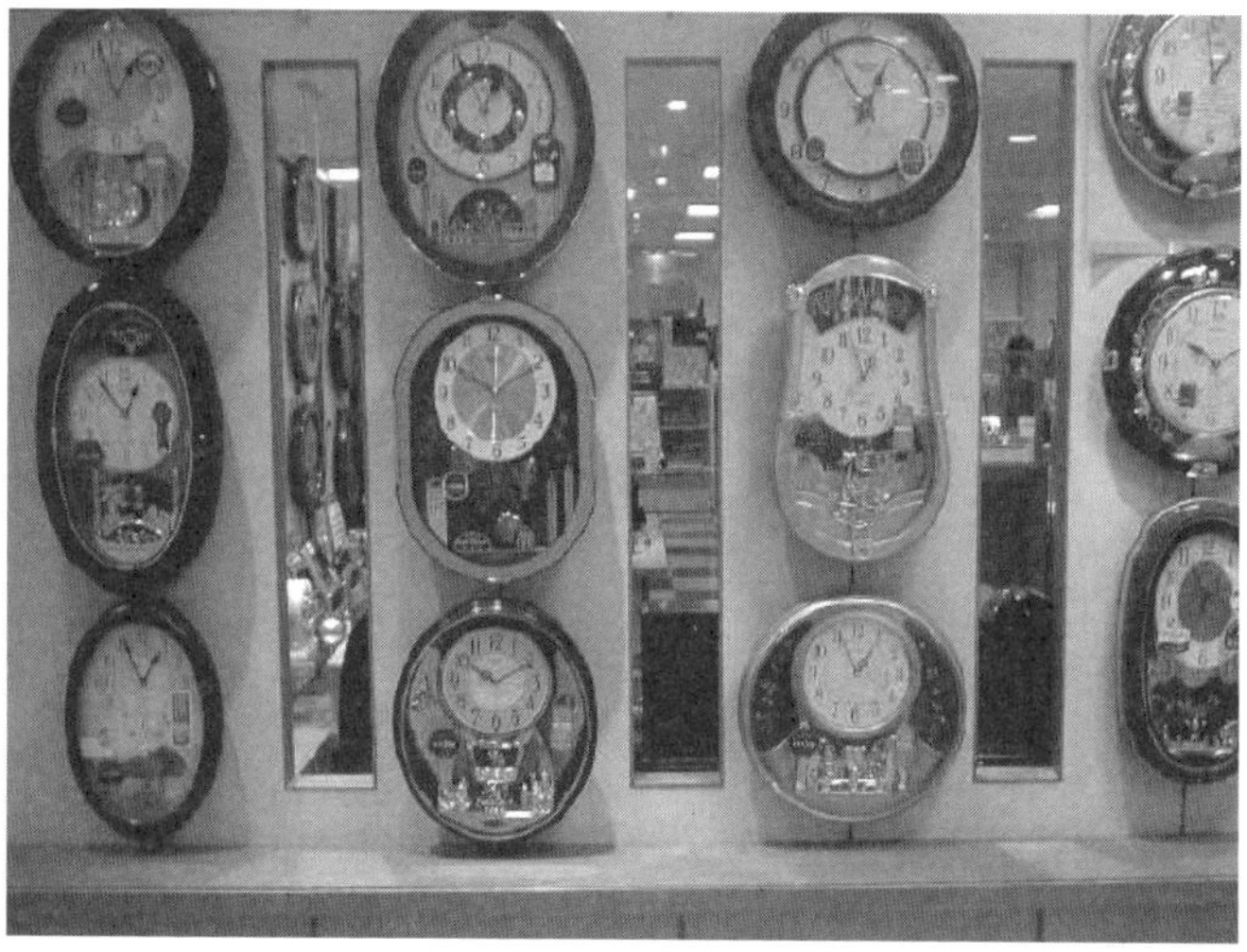

【暖《あたた》か】春《はる》の暖《あたた》かさをいいます。春《はる》らしい、ほどよい気温《きおん》です。

肩《かた》に手《て》をかけて話《はな》せば暖《あたた》かし　大場白水郎《おおばはくすいろう》

あたたかや鳩《はと》の中《なか》なる乳母車《うばぐるま》　野見山朱鳥《のみやまあすか》

【うららか】晴《は》れた日《ひ》の、日《ひ》ざしが明《あか》るくおだやかなようすを、うららか、またはうららといいます。

麗《うらら》かや松《まつ》を離《はな》るる鳶《とび》の笛《ふえ》※11　川端茅舎《かわばたぼうしゃ》

うららかや猫《ねこ》にものいふ妻《つま》のこゑ《え》　日野草城《ひのそうじょう》

【のどか】のどけしともいいます。春《はる》の静《しず》かでのんびりした感《かん》じをいいます。日《ひ》がのびてくるのでこんな感《かん》じがするのです。

のどかさに寝《ね》てしまひけり草《くさ》の上《うえ》　松根東洋城《まつねとうようじょう》

のどけしやここにかう《こ》して在《あ》るだけで　高木晴子《たかぎはるこ》

※11　**鳶《とび》の笛《ふえ》**…トビの鳴《な》く声《こえ》。笛《ふえ》のようにピーヒョロロロと鳴《な》きます。

【日永《ひなが》】春《はる》になってだんだん日《ひ》がのびて、昼間《ひるま》が長《なが》くなってきたことをいいます。そんな春《はる》の一日《いちにち》のことを永《なが》き日《ひ》ともいいます。

永《なが》き日《ひ》や欠伸《あくび》うつして別《わか》れ行《ゆ》く　夏目漱石《なつめそうせき》

永《なが》き日《ひ》のにはとり柵《さく》を越《こ》えにけり　芝《しば》不器男《ふきお》

【遅日《ちじつ》】春《はる》になって日《ひ》が暮《く》れるのが遅《おそ》くなったことをいいます。日永《ひなが》と同《おな》じような意味《いみ》のことばです。遅《おそ》き日《ひ》ともいい、夕暮《ゆうぐ》れどきがゆっくりと長《なが》く感《かん》じられるので、夕永《ゆうなが》しともいいます。

遅《おそ》き日《ひ》のつもりて遠《とお》きむかしかな　蕪村《ぶそん》

ちぎれ雲《ぐも》夕焼《ゆうやけ》さめて夕永《ゆうなが》し　富安風生《とみやすふうせい》

戸《と》を開《あ》けて子《こ》を呼《よ》んでゐる遅日《ちじつ》かな　千葉皓史《ちばこうし》

【花冷《はなび》え】桜《さくら》の花《はな》の咲《さ》くころ、天気《てんき》が不安定《ふあんてい》になって、急《きゅう》に寒《さむ》くなることをいいます。花《はな》の冷《ひ》えともいいます。

花冷《はなび》えのともし灯《び》ひとつともりけり　日野草城《ひのそうじょう》

手袋《てぶくろ》の指先《ゆびさき》ふかき花《はな》の冷《ひ》え　田辺香代子《たなべかよこ》

【蛙《かわず》の目借《めか》り時《どき》】春《はる》になって暖《あたた》かくなると、昼間《ひるま》でもだるくて眠《ねむ》くなることがあります。そんなころのことを蛙《かわず》の目借《めか》り時《どき》といいます。かわずはカエルのことで、昔《むかし》、春《はる》に眠《ねむ》くてしかたないのは、蛙《かわず》に目《め》を借《か》りられてしまうからだといわれていました。空想的《くうそうてき》で、ユーモラスな季語《きご》です。短《みじか》く目借《めか》り時《どき》ともいいます。

物音《ものおと》のしてゐ《い》る家《いえ》や目借《めかり》どき　岸田稚魚《きしだちぎょ》

目借時《めかりどき》水色《みずいろ》みちて吾子《あこ》※12ねむる　銀林晴生《ぎんばやしはるお》

蛙《かわず》になど貸《か》せぬ眼《まなこ》を瞠《みは》るなり　野路斉子《のじせいこ》

【春《はる》の日《ひ》】春《はる》の一日《いちにち》、春《はる》の日《ひ》ざし、どちらのこともいいます。

大《おお》いなる春日《はるび》の翼《つばさ》垂《た》れてあり　高浜虚子《たかはまきょし》

春日《はるび》いま人《ひと》働《はたら》かす明《あか》るさに　岡本《おかもと》　眸《ひとみ》

【春《はる》の光《ひかり》】春《はる》の太陽《たいよう》の光《ひかり》をいいます。明《あか》るくやわらかい光《ひかり》です。春光《しゅんこう》ともいいます。

ひとすぢ《じ》の春《はる》のひかりの厨水《くりやみず》※13　木下夕爾《きのしたゆうじ》

春光《しゅんこう》にいか透《す》きとほ《お》る生簀《いけす》※14かな　今井千鶴子《いまいちづこ》

※12 **吾子《あこ》**…わが子《こ》。

※13 **厨水《くりやみず》**…台所《だいどころ》で使《つか》う水のこと。厨《くりや》は台所《だいどころ》。

※14 **生簀《いけす》**…料理《りょうり》に使《つか》う魚介類《ぎょかいるい》を生《い》きたまま入《い》れておく水槽《すいそう》や池《いけ》など。

【春《はる》の空《そら》】春《はる》の空《そら》は、明《あか》るくやわらかい感《かん》じがします。真青《まっさお》というより、少《すこ》し淡《あわ》い色《いろ》に見《み》えます。

春《はる》の空《そら》円《まろ》しと眺《なが》めまはし見《み》る　星野立子《ほしのたつこ》
首長《くびなが》ききりんの上《うえ》の春《はる》の空《そら》　後藤比奈夫《ごとうひなお》

【春《はる》の雲《くも》】春《はる》は雲《くも》が、刷毛《はけ》ではいたように見《み》えたり、ふわふわと綿《わた》のように見《み》えたりします。淡《あわ》い、やわらかい感《かん》じです。

春《はる》の雲《くも》ほうつ《（つ）》と白《しろ》く過去《かこ》遠《とお》く　富安風生《とみやすふうせい》
春《はる》の雲《くも》ながめてを《お》ればうごきけり　日野草城《ひのそうじょう》

【春《はる》の月《つき》】春《はる》の月《つき》は、ほんのりかすんで見《み》えることがあります。また、赤《あか》みがかって大《おお》きく、重《おも》たそうに見《み》えることもあります。春月《しゅんげつ》、春満月《はるまんげつ》などともいいます。

蹴《け》あげたる鞠《まり》のごとくに春《はる》の月《つき》　富安風生《とみやすふうせい》
外《と》にも出《で》よ触《ふ》るるばかりに春《はる》の月《つき》　中村汀女《なかむらていじょ》
砂《すな》の上《え》に波《なみ》ひろがりぬ春《はる》の月《つき》　橋本鶏二《はしもとけいじ》

【春《はる》の星《ほし》】春《はる》の星《ほし》はうるんだように見《み》えます。また光《ひかり》が淡《あわ》く感《かん》じられることもあります。空気中《くうきちゅう》に水蒸気《すいじょうき》が多《おお》いからです。春星《しゅんせい》ともいいます。

乗鞍《のりくら》※15のかなた春星《しゅんせい》かぎりなし　前田普羅《まえだふら》

名《な》ある星春星《ほししゅんせい》としてみなうるむ　山口誓子《やまぐちせいし》

【春《はる》の闇《やみ》】月《つき》の出《で》ていない春《はる》の夜《よ》の闇《やみ》をいいます。ほのかに光《ひかり》を感《かん》じるようなやわらかさ、暖《あたた》かさがあります。

大濤《おおなみ》が動《うご》かしゐ《い》るや春《はる》の闇《やみ》　青木月斗《あおきげっと》

めつむりてひらきておなじ春《はる》の闇《やみ》　森《もり》　澄雄《すみお》

【おぼろ】春《はる》は空気中《くうきちゅう》に水蒸気《すいじょうき》が多《おお》いので、夕暮《ゆうぐ》れや夜《よる》には、ものの形《かたち》がにじんだようにぼんやり見《み》えることがあります。その現象《げんしょう》をおぼろといいます。やわらかく暖《あたた》かいふんいきです。また、おぼろにかすんだ月《つき》のことをおぼろ月《づき》といいます。

辛崎《からさき》の松《まつ》は花《はな》より朧《おぼろ》にて　芭蕉《ばしょう》

あけし木戸《きど》閉《し》めておぼろにもどしけり　久保田万太郎《くぼたまんたろう》

猿《さる》を待《ま》つ猿《さる》のこしかけ※16朧月《おぼろづき》　生出鬼子《おいできし》

※15 **乗鞍《のりくら》**…山《やま》の名前《なまえ》で、乗鞍《のりくら》岳《だけ》のこと。

※16 **猿《さる》のこしかけ**…きのこの一種《いっしゅ》。

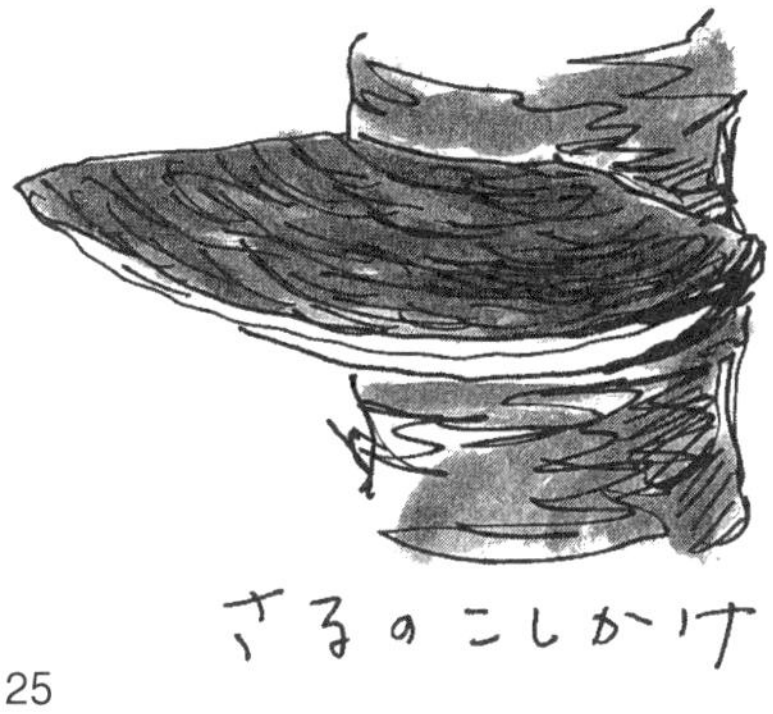

【春風《はるかぜ》】 春《はる》に吹《ふ》くおだやかなやさしい風《かぜ》です。しゅんぷうとも読《よ》みます。

春風《はるかぜ》や闘志《とうし》いだきて丘《おか》に立《た》つ　高浜虚子《たかはまきょし》
兄妹《けいまい》にはるかぜ海《うみ》を見《み》にゆかむ《ん》　山田《やまだ》みづえ
退院《たいいん》の一歩《いっぽ》春風《はるかぜ》まとふ《う》なり　朝倉和江《あさくらかずえ》
春風《はるかぜ》が長《なが》い旅《たび》してやって来《き》た　吉川賢史《よしかわたかふみ》（小6）

【東風《こち》】 春《はる》に東《ひがし》から吹《ふ》いてくる風《かぜ》のことをいいます。おだやかな春風《はるかぜ》よりは少《すこ》し荒《あら》い感《かん》じで、この風《かぜ》が吹《ふ》くと天候《てんこう》がくずれ、海《うみ》が荒《あ》れることもあります。強《つよ》く吹《ふ》くときは強東風《つよごち》といいます。

われもまた人《ひと》にすなほ《お》に東風《こち》の風《かぜ》　中村汀女《なかむらていじょ》
夕東風《ゆうごち》のともしゆく灯《ひ》のひとつづつ　木下夕爾《きのしたゆうじ》

【春一番《はるいちばん》】 立春《りっしゅん》を過《す》ぎてから、はじめて吹《ふ》くとても強《つよ》い南風《みなみかぜ》のことをいいます。二回目《にかいめ》を春二番《はるにばん》、三回目《さんかいめ》を春三番《はるさんばん》と呼《よ》ぶこともあります。土《つち》ぼこりを巻《ま》き上《あ》げて一日中《いちにちじゅう》吹《ふ》き荒《あ》れる風《かぜ》ですが、この風《かぜ》が吹《ふ》くといよいよ春《はる》になった感《かん》じがします。

春一番《はるいちばん》どすんと屋根《やね》にぶつかりぬ　滝沢伊代次《たきざわいよじ》
春一番《はるいちばん》鞄《かばん》の軽《かる》き日《ひ》なりけり　藺草慶子《いぐさけいこ》

春《はる》一番《いちばん》大《おお》きなじよ《（ょ）》ろをふきとばす　ともたけりつ子《こ》

春《はる》二番《にばん》一番《いちばん》よりも激《はげ》しかり　牧野《まきの》寥々《りょうりょう》

【風光《かぜひか》る】春《はる》の明《あか》るい日《ひ》ざしの中《なか》では、風《かぜ》が光《ひか》って見《み》えそうな気《き》がします。それを風光《かぜひか》るといいます。光《ひか》る風《かぜ》ということもあります。

風光《かぜひか》る閃《ひらめ》きのふと鋭《するど》けれ　池内友次郎《いけのうちともじろう》

宛書《あてがき》はウインブルドン風光《かぜひか》る　川崎展宏《かわさきてんこう》

風光《かぜひか》るこんな橋《はし》にも名《な》があるよ　中丸《なかまる》涼《りょう》

【春嵐《はるあらし》】春《はる》に吹《ふ》くはげしく荒《あら》い風《かぜ》をいいます。雨《あめ》がまじったり、土《つち》ぼこりを巻《ま》き上《あ》げたりして一日中《いちにちじゅう》吹《ふ》きつづけます。春《はる》はやて、春荒《はるあ》れなどともいいます。

今《いま》のわがこころに似《に》たり春嵐《はるあらし》　阿部《あべ》みどり女《じょ》

春疾風《はるはやて》子《こ》の柔髪《にこがみ》の舞《ま》ふことよ　福永耕二《ふくながこうじ》

【春雨《はるさめ》】春《はる》の雨《あめ》をいいます。強《つよ》く降《ふ》ることもありますが、細《こま》かくやさしく降《ふ》る雨《あめ》という印象《いんしょう》の方《ほう》が強《つよ》いようです。また、さっと降《ふ》ってすぐ止《や》むのは春時雨《はるしぐれ》といいます。

春雨《はるさめ》や小磯《こいそ》の小貝《こがい》ぬるるほど　蕪村《ぶそん》

教室《きょうしつ》は横顔《よこがお》ばかり春《はる》の雨《あめ》　木幡冬馬《こはたとうま》

晴《は》れぎはのはらりきらりと春時雨《はるしぐれ》　川崎展宏《かわさきてんこう》

春《はる》の雨《あめ》春《はる》のにおいがちょっとする　小平夏子《こだいらなつこ》（小5）

【菜種梅雨《なたねづゆ》】菜《な》の花《はな》が咲《さ》くころに雨《あめ》の日《ひ》が続《つづ》くことがあります。これを菜種梅雨《なたねづゆ》といいます。菜種《なたね》は菜《な》の花《はな》のことです。

菜種梅雨子《なたねづゆこ》の大足《おおあし》が家歩《いえあゆ》む　宮本由太加《みやもとゆたか》

菜種梅雨《なたねづゆ》行手明《ゆくてあか》るくなりにけり　杉立悦子《すぎたちえつこ》

【春《はる》の雪《ゆき》】立春《りっしゅん》を過《す》ぎてから降《ふ》る雪《ゆき》のことです。冬《ふゆ》に降《ふ》る雪《ゆき》より水《みず》っぽく、すぐに解《と》けてしまいますが、思《おも》いがけず大雪《おおゆき》になって積《つ》もることもあります。春雪《しゅんせつ》ともいい、淡雪《あわゆき》ともいいます。また、ぼたんの花《はな》びらのように大《おお》きく降《ふ》る雪《ゆき》をぼたん雪《ゆき》といいます。

日《め》の前《まえ》に大《おお》きく降《ふ》るよ春《はる》の雪《ゆき》　星野立子《ほしのたつこ》
春《はる》の雪《ゆき》青菜《あおな》をゆでてゐ《い》たる間《ま》も　細見綾子《ほそみあやこ》
肩落《かたお》とすやう《よ》に日暮《ひぐ》れて牡丹雪《ぼたんゆき》　岡本《おかもと》眸《ひとみ》
みな春《はる》の雪《ゆき》を見《み》あげて歩《ある》きだす　夏井《なつい》いつき

【春雷《しゅんらい》】雷《かみなり》は夏《なつ》の季語《きご》ですが、春《はる》に鳴《な》る雷《かみなり》は春雷《しゅんらい》といい、春《はる》の雷《らい》ともいいます。

春雷《しゅんらい》や胸《むね》の上《うえ》なる夜《よ》の厚《あつ》み　細見綾子《ほそみあやこ》
春雷《しゅんらい》の音《おと》変《かえ》へて野《の》を走《はし》りけり　河野南畦《こうのなんけい》

【かすみ】春《はる》は、空気中《くうきちゅう》に水蒸気《すいじょうき》が多《おお》いために、空《そら》がぼんやりとして、遠《とお》くのものがよく見《み》えないことがあります。この現象《げんしょう》をかすみといいます。かすみ立《た》つともいいます。

春《はる》なれや名《な》もなき山《やま》の薄霞《うすがすみ》　芭蕉《ばしょう》
かすんでかさなつ《(っ)》て山《やま》がふるさと　種田山頭火《たねださんとうか》
霞《かすみ》より猫《ねこ》の持《も》て来《き》し松《まつ》ぼくり※17　村越化石《むらこしかせき》

日本各地にある山頭火の句碑

※17 松《まつ》ぼくり…松《まつ》ぼっくり。

【かげろう】春《はる》の暖《あたた》かい日《ひ》に、景色《けしき》がゆらゆらして見《み》えることがあります。この現象《げんしょう》をかげろうといいます。日《ひ》ざしの熱《ねつ》で空気《くうき》の屈折《くっせつ》が起《お》こっているもので、いとゆうともいいます。

ちらちらと陽炎《かげろう》立《た》ちぬ猫《ねこ》の塚《つか》※18　夏目漱石《なつめそうせき》
かげろふと字《じ》にかくやうにかげろへる　富安風生《とみやすふうせい》
かげろふや父《ちち》に隠《かく》るる女《おんな》の子《こ》　長谷川《はせがわ》　櫂《かい》

【花曇《はなぐも》り】桜《さくら》の花《はな》が咲《さ》くころは曇《くも》りがちの天気《てんき》がつづくことがあります。その曇《くも》り空《ぞら》を花曇《はなぐも》りといいます。

ペン皿《ざら》のうすき埃《ほこり》や花曇《はなぐもり》　富安風生《とみやすふうせい》
ゆで玉子《たまご》むけばかがやく花曇《はなぐもり》　中村汀女《なかむらていじょ》

【鳥曇《とりぐも》り】春《はる》には、雁《かり》や鴨《かも》などの渡《わた》り鳥《どり》たちが、北方《ほっぽう》へ帰《かえ》ってゆきます。そのころの曇《くも》り空《ぞら》を鳥曇《とりぐも》りといいます。

タラップを降《お》り佇《た》つ日本《にほん》鳥《とり》ぐもり　佐野《さの》まもる
とびばこの運《はこ》び出《だ》さるる鳥曇《とりぐもり》　山田《やまだ》　葵《あおい》

※18 塚《つか》…お墓《はか》のこと。

【残雪《ざんせつ》】春《はる》になっても北《きた》の裏庭《うらにわ》ややぶのかげなどに消《き》え残《のこ》っている雪《ゆき》をいいます。また、遠《とお》くの高《たか》い山々《やまやま》に残《のこ》っている雪《ゆき》も残雪《ざんせつ》です。雪残《ゆきのこ》る、日陰雪《ひかげゆき》ともいいます。

美《うつく》しく残《のこ》れる雪《ゆき》を踏《ふ》むまじく※19　高浜虚子《たかはまきょし》
一枚《いちまい》の餅《もち》のごとくに雪残《ゆきのこ》る　川端茅舎《かわばたぼうしゃ》
残雪《ざんせつ》に足跡《あしあと》はみな子供《こども》のもの　川崎展宏《かわさきてんこう》

【雪解《ゆきど》け】雪国《ゆきぐに》で降《ふ》り積《つ》もった雪《ゆき》が、春《はる》の暖《あたた》かさで解《と》けはじめてくることです。雪解《ゆきげ》ともいい、軒《のき》から雪解《ゆきど》けの水《みず》が落《お》ちてくることを雪解雫《ゆきげしずく》、ほかにも雪解川《ゆきげがわ》、雪解風《ゆきげかぜ》のような使《つか》い方《かた》をします。

雪《ゆき》とけて村一《むらいっ》ぱいの子《こ》ども哉《かな》　一茶《いっさ》
故郷《ふるさと》の道《みち》あらはるる雪解《ゆきげ》かな　佐藤漾人《さとうようじん》
雪解《ゆきど》けのまぶしきヘッセ※20読《よ》みすすむ　山田葵《やまだあおい》

※19　**踏《ふ》むまじく**…「踏《ふ》まないようにして」という意味《いみ》です。

※20　**ヘッセ**…ヘルマン・ヘッセ。ドイツの作家《さっか》。

【春《はる》の山《やま》】春《はる》になった山《やま》です。雪《ゆき》が解《と》け、木々《きぎ》が芽吹《めぶ》き、桜《さくら》の花《はな》が咲《さ》くといった、さまざまな姿《すがた》があります。

春《はる》の山《やま》のうしろから煙《けむり》が出《で》だした　尾崎放哉《おざきほうさい》
春《はる》の山《やま》近《ちか》づく程《ほど》に春《はる》の山《やま》　高木晴子《たかぎはるこ》
春《はる》の山《やま》たたいてここへ坐《すわ》れよと　石田郷子《いしだきょうこ》

【山笑《やまわら》う】早春《そうしゅん》の日《ひ》ざしに、雑木山《ぞうきやま》の芽吹《めぶ》きがはじまり、明《あか》るく生《い》き生《い》きと見《み》えるのを、山《やま》が笑《わら》っているようだといって季語《きご》になったものです。もともとは中《ちゅう》国《ごく》の書物《しょもつ》『臥遊録《がゆうろく》』にあることばです。

故郷《ふるさと》やどちらを見《み》ても山笑《やまわら》ふ　正岡子規《まさおかしき》
巣《す》のごとき子《こ》のポケットや山笑《やまわら》ふ　成田千空《なりたせんくう》

【水温《みずぬる》む】寒《さむ》さがゆるみ、春《はる》の暖《あたた》かい日《ひ》ざしで沼《ぬま》や池《いけ》などの水《みず》がなんとなくあたたまってくることをいいます。水中《すいちゅう》の魚《さかな》たちも動《うご》きはじめ、水《みず》の色《いろ》も明《あか》るくなったように感《かん》じられます。

水温《みずぬる》むうしろに人《ひと》のゐ《い》るごとし　原子公平《はらここうへい》
七面鳥《しちめんちょう》くくるくるくる水温《みずぬる》む　吉田鴻司《よしだこうじ》

しちめんちょう

【春田《はるた》】まだ苗《なえ》を植《う》える前《まえ》の田《た》のことです。れんげを咲《さ》かせたり、荒《あら》く鋤《す》き起《お》こしたり、苗《なえ》を植《う》えるため水《みず》を張《は》っていることもあります。

みちのく※21の伊達《だて》※22の郡《こおり》の春田《はるた》かな　富安風生《とみやすふうせい》
水入《みずい》れて春田《はるた》となりてかがやけり　長谷川《はせがわ》かな女《じょ》

【春《はる》の川《かわ》】春《はる》の雨《あめ》や雪解《ゆきど》けなどで、山国《やまぐに》では水《みず》かさが増《ま》した川《かわ》が勢《いきお》いよく流《なが》れます。やがて日《ひ》が照《て》るようになると、小《ちい》さな魚《さかな》たちの影《かげ》もきらめき、のどかな春《はる》の感《かん》じが深《ふか》くなってきます。春川《はるかわ》、春《はる》の瀬《せ》といういい方《かた》もします。

春《はる》の川音《かわおと》も流《なが》れてをりにけり　下田実花《しもだじっか》
春川《はるかわ》の源《みなもと》へ行《い》きたかりけり　京極杞陽《きょうごくきよう》
子《こ》へ送《おく》る手紙《てがみ》のやうな春《はる》の川《かわ》　鈴木《すずき》　郁《いく》

【春《はる》の海《うみ》】春《はる》になると海《うみ》はおだやかに凪《な》ぐ日《ひ》が多《おお》く、波《なみ》の音《おと》もゆったりとしてきます。春《はる》の浜《はま》、春《はる》の渚《なぎさ》、春《はる》の磯《いそ》などの使《つか》い方《かた》もあります。

春《はる》の海《うみ》終日《ひねもす》※23のたりのたりかな　蕪村《ぶそん》
春《はる》の浜《はま》大《おお》いなる輪《わ》が画《か》いてある　高浜虚子《たかはまきょし》
春《はる》の海《うみ》のかなたにつなぐ電話《でんわ》かな　中村汀女《なかむらていじょ》

※21 **みちのく**…青森県《あおもりけん》と岩手県《いわてけん》にまたがる地域《ちいき》で、昔《むかし》からの呼《よ》び方。

※22 **伊達《だて》の郡《こおり》**…中世《ちゅうせい》に、みちのくの地域《ちいき》で手柄《てがら》をたてた伊達《だて》の当主《とうしゅ》がおさめた地域。

※23 **終日《ひねもす》**…一日中。

【春《はる》の泥《どろ》】春《はる》のぬかるみのことです。昔《むかし》は舗装《ほそう》されない道《みち》が多《おお》く、雪解《ゆきど》けや春雨《はるさめ》などでどろどろになり、通《とお》る人《ひと》をなやませました。けれども一方《いっぽう》では春《はる》になった喜《よろこ》びも感《かん》じたのです。春泥《しゅんでい》ともいいます。

鴨《かも》の嘴《はし》よりたらたらと春《はる》の泥《どろ》　高浜虚子《たかはまきょし》
春泥《しゅんでい》に押《お》しあひ《い》ながら来《く》る娘《むすめ》　高野素十《たかのすじゅう》

【春《はる》の土《つち》】暖《あたた》かくなって、ふっくらした黒土《くろつち》が雪《ゆき》の間《あいだ》からあらわれると、春《はる》が来《き》たことを感《かん》じます。このころになると、土《つち》に親《した》しみをもち、土《つち》いじりを楽《たの》しむことも多くなります。

鉛筆《えんぴつ》を落《おと》せば立《た》ちぬ春《はる》の土《つち》　高浜虚子《たかはまきょし》
縄跳《なわと》びの縄《なわ》がたたくよ春《はる》の土《つち》　富田直治《とみたなおじ》
太陽《たいよう》へ裏返《うらがえ》されて春《はる》の土《つち》　山崎《やまざき》ひさを

【薄氷《うすらい》】春先《はるさき》、急《きゅう》に寒《さむ》さが戻《もど》り、池《いけ》や水《みず》たまりにうすく張《は》った氷《こおり》のことをいいます。うすごおりとも読《よ》みます。

薄氷《うすらい》の裏《うら》を舐《な》めては金魚《きんぎょ》沈《しず》む　西東三鬼《さいとうさんき》
われもまた棒《ぼう》もて叩《たた》く薄氷《うすごおり》　宇多喜代子《うだきよこ》

薄氷《うすごおり》そつ《(つ)》くり持《も》つ《(つ)》て行《ゆ》く子《こ》かな　千葉《ちば》皓史《こうし》

【初午《はつうま》】二月《にがつ》の初午《はつうま》の日《ひ》に稲荷神社《いなりじんじゃ》で行《おこ》なわれるお祭《まつ》りです。お稲荷《いなり》さんに、あぶらげなどを供《そな》えて、一年《いちねん》の豊作《ほうさく》を祈《いの》ります。一番最初《いちばんさいしょ》の午《うま》の日《ひ》を初午《はつうま》、または一《いち》の午《うま》、二番目《にばんめ》を二《に》の午《うま》、三番目《さんばんめ》を三《さん》の午《うま》といい、あわせて午祭《うままつ》りともいいます。

初午《はつうま》の祠《ほこら》ともりぬ雨《あめ》の中《なか》　芥川龍之介《あくたがわりゅうのすけ》

初午《はつうま》や小《ち》さくなりし願《ねが》ひごと　松岡六花女《まつおかりかじょ》

把手《とって》大《おお》き祖母《そば》の箪笥《たんす》や午祭《うままつり》　古賀《こが》まり子《こ》

【バレンタインデー】二月十四日《にがつじゅうよっか》、バレンタインという聖人《せいじん》が殉教《じゅんきょう》した日《ひ》で、キリスト教《きょう》の記念日《きねんび》です。日本《にほん》ではこの日《ひ》に、女性《じょせい》が、愛《あい》する人《ひと》にチョコレートなどの贈《おく》り物《もの》をするようになりました。

バレンタインデー心《こころ》に鍵《かぎ》の穴《あな》ひとつ　上田日差子《うえだひざし》

花買《はなかい》ひてバレンタインデーの雪《ゆき》　石田郷子《いしだきょうこ》

初午

【大試験《だいしけん》】今《いま》はこのようないい方《かた》をしませんが、進級試験《しんきゅうしけん》や、卒業試験《そつぎょうしけん》などの学《がく》年末《ねんまつ》の試験《しけん》を大試験《だいしけん》といい、学期末《がっきまつ》の試験《しけん》を小試験《しょうしけん》といいました。入学試験《にゅうがくしけん》、受《じゅ》験《けん》、合格《ごうかく》、落第《らくだい》、進級《しんきゅう》も季語《きご》となっています。

大空《おおぞら》へ帽《ぼう》投《な》げて果《は》つ大試験《だいしけん》　那須乙郎《なすおつろう》

深呼吸《しんこきゅう》つづけて二《ふた》つ大試験《だいしけん》　八幡里洋《やはたりよう》

【卒業《そつぎょう》】小学校《しょうがっこう》から大学《だいがく》まで、卒業式《そつぎょうしき》は三月《さんがつ》に行《おこ》なわれます。卒業生《そつぎょうせい》は卒業証書《そつぎょうしょうしょ》をもらい、進学《しんがく》したり就職《しゅうしょく》したりします。卒業生《そつぎょうせい》のことをいう卒業子《そつぎょうし》や、卒業歌《そつぎょうか》など、卒業《そつぎょう》に関係《かんけい》するものは季語《きご》となっています。卒業《そつぎょう》には、希望《きぼう》と喜《よろこ》びのほか、少《すこ》し悲《かな》しいさびしいような気持《きもち》があるようです。

卒業《そつぎょう》の兄《あに》と来《き》てゐる堤《つつみ》※24かな　芝不器男《しばふきお》

卒業証書《そつぎょうしょうしょ》まるめて覗《のぞ》く青《あお》き天《てん》　山畑禄郎《やまはたろくろう》

天井《てんじょう》を見《み》て卒業《そつぎょう》の歌《うた》うたふ《う》　本井英《もといえい》

【春休《はるやす》み】一学年《いちがくねん》が終《お》わった春《はる》の少《すこ》し長《なが》い休《やす》みです。学年《がくねん》が終《お》わった喜《よろこ》びと、新《しん》学年《がくねん》への期待《きたい》を味《あじ》わいながら、のびのびと過《す》ごすことのできる休暇《きゅうか》です。

鉛筆《えんぴつ》一本《いっぽん》田川《たがわ》に流《なが》れ春休《はるやす》み　森澄雄《もりすみお》

※24 堤《つつみ》…土手《どて》のこと。

ケーキ焼《や》く子《こ》が厨《くりや》[※13]占《し》め春休《はるやすみ》　稲畑汀子《いなはたていこ》
校庭《こうてい》に卵《たまご》抱《だ》く矮鶏《ちゃぼ》春休《はるやすみ》　長嶺千晶《ながみねちあき》

【入学《にゅうがく》】小学校《しょうがっこう》から大学《だいがく》まで、入学式《にゅうがくしき》は四月上旬《しがつじょうじゅん》に行《おこ》なわれます。なかでも小学《しょうがっ》校《こう》の入学式《にゅうがくしき》は、新《あたら》しい学校生活《がっこうせいかつ》に希望《きぼう》と期待《きたい》に胸《むね》をふくらませて、一年生《いちねんせい》が集《あつ》まります。一年生《いちねんせい》のことを新入生《しんにゅうせい》といい、どちらも季語《きご》です。

入学《にゅうがく》の吾子《あこ》[※12]人前《ひとまえ》に押《お》し出《い》だす　石川桂郎《いしかわけいろう》
入学《にゅうがく》の子《こ》に見《み》えてゐ《い》て遠《とお》き母《はは》　福永耕二《ふくながこうじ》
ハイといふ《う》返辞《へんじ》むづ《ず》かし入学《にゅうがく》す　嶋田一歩《しまだいっぽ》

【遠足《えんそく》】俳句《はいく》では遠足《えんそく》は春《はる》の季語《きご》になっています。学校《がっこう》の行事《ぎょうじ》の一《ひと》つで、先生《せんせい》に連《つ》れられて生徒《せいと》たちがみんないっしょに外《そと》へ出《で》かけるレクリエーションです。

遠足《えんそく》のおくれ走《はし》りてつながりし　高浜虚子《たかはまきょし》
海見《うみみ》えてより遠足《えんそく》の海《うみ》の歌《うた》　川原《かわはら》つう
えんそくはたのしいみちのほうへいく　伴《ばん》　貴光《たかみつ》（小2）

※13　厨《くりや》…23頁《ページ》参照《さんしょう》。
※12　吾子《あこ》…23頁《ページ》参照《さんしょう》。

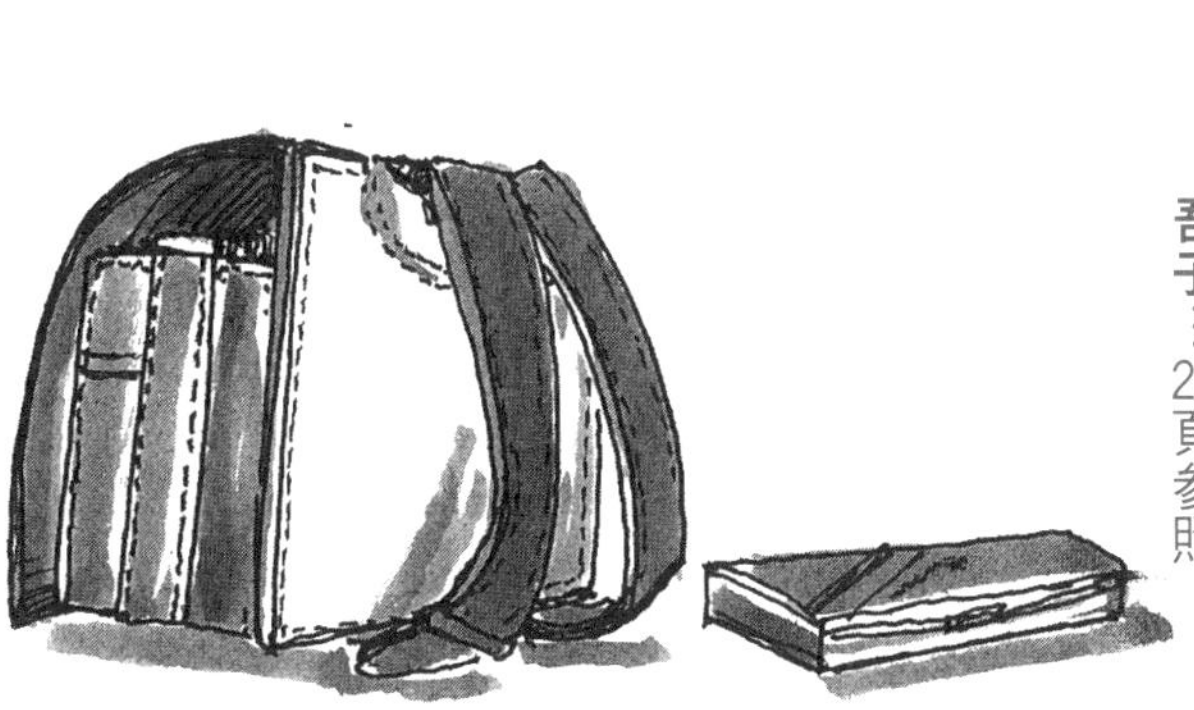

【エープリルフール】四月一日にヨーロッパでは嘘《うそ》をついても許《ゆる》されることになっていて、その日《ひ》や、だまされた人《ひと》のことをエープリルフールといいます。これが日本《にっぽん》にも伝《つた》わって、四月馬鹿《しがつばか》、万愚節《ばんぐせつ》という季語《きご》になっています。

エープリルフールの駅《えき》の時計《とけい》かな　轡田《くつわだ》 進《すすむ》

木馬《もくば》ほか天地《てんち》の廻《まわ》る四月馬鹿《しがつばか》　石原《いしはら》八束《やつか》

地球上《ちきゅうじょう》の海《うみ》こぼれざる四月馬鹿《しがつばか》　高野《たかの》万里《まり》

【復活祭《ふっかつさい》】キリストが十字架《じゅうじか》にかけられて死《し》んでから、三日後《みっかご》によみがえったことを祝《いわ》う日《ひ》です。春分《しゅんぶん》の後《あと》の最初《さいしょ》の満月《まんげつ》直後《ちょくご》の日曜日《にちようび》なので、日《ひ》は年《とし》によって変《か》わります。イースターエッグ（染卵《そめたまご》）を飾《かざ》ったり、カードを送《おく》りあったりします。

復活祭《ふっかつさい》蜜蜂《みつばち》は蜜《みつ》ささげ飛《と》ぶ　石田《いしだ》あき子《こ》

約束《やくそく》のベンチに花束《はなたば》復活祭《ふっかつさい》　長嶺《ながみね》千晶《ちあき》

【みどりの日《ひ》】四月二十九日《しがつにじゅうくにち》、植物《しょくぶつ》を愛《あい》した昭和天皇《しょうわてんのう》をしのび、それまで天皇誕生日《てんのうたんじょうび》だったこの日《ひ》をみどりの日《ひ》と改《あらた》めました。現在《げんざい》では、五月四日《ごがつよっか》に改《あらた》められています。

みどりの日《ひ》巣箱《すばこ》は雨《あめ》に濡《ぬ》れどほし　細谷《ほそや》てる子《こ》

染卵

【ゴールデンウィーク】四月《しがつ》二十九日《にじゅうくにち》の昭和《しょうわ》の日《ひ》から、五月《ごがつ》五日《いつか》の子供《こども》の日《ひ》までの祝日《しゅくじつ》と、土曜日《どようび》、日曜日《にちようび》の休《やす》みを入《い》れて、この間《あいだ》は休日《きゅうじつ》がつづくのでゴールデンウィークと名《な》づけました。黄金週間《おうごんしゅうかん》ともいいます。

黄金週間《おうごんしゅうかん》何処《どこ》へも行《ゆ》かず楢《なら》の雨《あめ》※25　本宮銑太郎《もとみやせんたろう》

ゴールデンウィーク寝間着《ねまき》のままで屋根《やね》にゐる　如月真菜《きさらぎまな》

【針供養《はりくよう》】裁縫《さいほう》の上達《じょうたつ》を祈《いの》る行事《ぎょうじ》です。この日《ひ》は針《はり》を使《つか》わずに、一年《いちねん》に使《つか》って折《お》れた針《はり》を豆腐《とうふ》にさして淡島神社《あわしまじんじゃ》に納《おさ》めます。関東地方《かんとうちほう》では二月八日《にがつようか》で春《はる》ですが、関西地方《かんさいちほう》では十二月八日《じゅうにがつようか》で冬《ふゆ》の行事《ぎょうじ》です。針祭《はりまつ》る、針納《はりおさ》めともいいます。

針供養子《はりくようこ》が子《こ》を連《つ》れて来《き》てゐたる　安住《あずみ》　敦《あつし》

華《はな》のごと待針《まちばり》をさす供養《くよう》かな　田中甫村《たなかほそん》

※25 楢《なら》の雨《あめ》…ここでは、芽吹《めぶ》いた楢《なら》の木々に降《ふ》る雨のこと。

【ひな祭《まつ》り】三月三日《さんがつみっか》に女《おんな》の子《こ》の無事《ぶじ》を祈《いの》って行《おこ》なわれるお祭《まつ》りです。おひなさまを飾《かざ》って、ひなあられやひし餅《もち》をそなえたり、白酒《しろざけ》を飲《の》んだりします。桃《もも》の節句《せっく》とも呼《よ》ばれ、おひなさまのことをひな、またはひいなといいます。

草《くさ》の戸《と》も住《す》み替《かわ》る代《よ》ぞひなの家《いえ》　芭蕉《ばしょう》

仕《つかまつ》る※26手《て》に笛《ふえ》もなし古雛《ふるひいな》　松本《まつもと》たかし

よく泣《な》いてゐ《い》る赤《あか》ん坊《ぼ》の雛《ひな》まつり　細川加賀《ほそかわかが》

おひなさますぐにしまってさみしいな　河野《かわの》ふゆめ（小1）

【春祭《はるまつ》り】春《はる》に行《おこ》なわれる祭《まつ》りのことです。もともとは、農作物《のうさくもつ》がよくできるように祈《いの》ったお祭《まつ》りでした。

刃《は》を入《い》れしものに草《くさ》の香《か》春《はる》まつり　飯田龍太《いいだりゅうた》

ぎしぎしと春《はる》の祭《まつり》の幟《のぼり》※27かな　石田勝彦《いしだかつひこ》

【花祭《はなまつ》り】四月八日《しがつようか》のお釈迦《しゃか》さまの誕生日《たんじょうび》を祝《いわ》うお寺《てら》の行事《ぎょうじ》です。いろいろな花《はな》で飾《かざ》った花御堂《はなみどう》という小《ちい》さなお堂《どう》に、生《う》まれたときのお釈迦《しゃか》さまの像《ぞう》、誕生仏《たんじょうぶつ》をまつり、お参《まい》りの人《ひと》たちが甘茶《あまちゃ》（アマチャの葉《は》を煎《せん》じたお茶《ちゃ》）をかけて祝《いわ》います。子《こ》どもたちが稚児行列《ちごぎょうれつ》を行《おこ》なうところもあります。仏生会《ぶっしょうえ》ともいいます。

※26 仕《つかまつ》る…この場合《ばあい》は「吹《ふ》く」の意味《いみ》です。

※27 幟《のぼり》…丈《たけ》が長《なが》い旗《はた》で、祭《まつり》のときなどに立《た》てる。

浜風《はまかぜ》に色《いろ》の黒《くろ》さよたん生仏《じょぶつ》　一茶《いっさ》

地《ち》を指《さ》せる御手《みて》より甘茶《あまちゃ》おちにけり　中村草田男《なかむらくさたお》

花《はな》まつり母《はは》の背《せ》ぬくし風《かぜ》あまし　楠本憲吉《くすもとけんきち》

【遍路《へんろ》】弘法大師《こうぼうだいし》（真言宗《しんごんしゅう》を開《ひら》いた空海《くうかい》という僧《そう》）ゆかりの四国地方《しこくちほう》の八十八《はちじゅうはち》か所《しょ》の札所《ふだしょ》（札《ふだ》を納《おさ》める寺《てら》）をお参《まい》りすることで、お参《まい》りする人《ひと》のこともいいます。

おへんろのこぼせし米《こめ》に雀《すずめ》かな　渡辺鳴水《わたなべめいすい》

【草餅《くさもち》】ゆでたよもぎの葉《は》などを入《い》れてついたおもちです。中《なか》にあんを入《い》れたものや、黄《き》な粉《こ》をまぶしたものなどがあります。香《かお》りがよく色《いろ》も鮮《あざ》やかで、春《はる》の到来《とうらい》を感《かん》じさせてくれます。よもぎ餅《もち》ともいいます。

よもぎ餅《もち》買《か》ひて雲《くも》ゆく歩《あゆ》みかな　岡本　眸《おかもとひとみ》

草餅《くさもち》に鶯餅《うぐいすもち》の粉《こな》がつく　岸本尚毅《きしもとなおき》

四国八十八カ所霊場の第一番札所・霊山寺

【桜餅《さくらもち》】小麦粉《こむぎこ》などを水《みず》で溶《と》いて、クレープのようにうすく焼《や》いた皮《かわ》であんを包《つつ》み、それを塩漬《しおづ》けした桜《さくら》の葉《は》でくるんだ和菓子《わがし》です。桜《さくら》の葉《は》の独特《どくとく》な香《かお》りがあります。関西《かんさい》では、もち米《ごめ》を使《つか》います。

三《みっ》つ食《く》へば葉《は》三片《さんぺん》や桜餅《さくらもち》　高浜虚子《たかはまきょし》

桜餅《さくらもち》今日《きょう》さざ波《なみ》の美《うつく》しく　大木《おおき》あまり

【春《はる》の灯《ひ》】春《はる》の夜《よる》にともす明《あ》かりのことをいいます。夜《よる》の外気《がいき》に、どこかうるんだような華《はな》やいだ感《かん》じがあります。春灯《しゅんとう》（はるともし）ともいいます。

春灯《しゅんとう》やはなのごとくに嬰《こ》のなみだ　飯田蛇笏《いいだだこつ》

春燈《しゅんとう》下《か》紙《かみ》にいただく五色豆《ごしきまめ》　清崎敏郎《きよさきとしお》

【春《はる》ごたつ】春《はる》になっても使《つか》われるこたつのことをいいます。立春《りっしゅん》を過《す》ぎても寒《さむ》さは続《つづ》き、雪《ゆき》が降《ふ》ることもあります。そのため、なかなか片《かた》づけられないものの一《ひと》つです。

何《なん》となく有《あ》れば集《あつま》り春炬燵《はるごたつ》　市村不先《いちむらふせん》

猫《ねこ》の爪《つめ》切《き》つ《（っ）》てやるなり春炬燵《はるごたつ》　長谷川《はせがわ》　櫂《かい》

おばちや《（ゃ）》んの話《はなし》飛《と》ぶ飛《と》ぶ春《はる》ごたつ　黒田《くろだ》さつき

【野焼《のや》き】春先《はるさき》の風《かぜ》のない日《ひ》、野《の》や土手《どて》に火《ひ》を放《はな》ち枯《か》れ草《くさ》を焼《や》き払《はら》うことをいいます。害虫《がいちゅう》を駆除《くじょ》し、草《くさ》の成長《せいちょう》をたすけるためです。その火《ひ》を野火《のび》といいます。

野《の》を焼《や》くやぽつんぽつんと雨到《あめいた》る　村上鬼城《むらかみきじょう》

火《ひ》の雫《しずく》こぼす松《まつ》ある野焼《のやき》かな　飴山《あめやま》實《みのる》

【耕《たがや》し】春先《はるさき》に、かたくなっている畑《はたけ》や田《た》の土《つち》を掘《ほ》り起《お》こしてやわらかくすることをいいます。種《たね》をまいたり苗《なえ》を植《う》えるためです。

千年《せんねん》の昔《むかし》のごとく耕《たがや》せり　富安風生《とみやすふうせい》

耕《たがや》せばうごき憩《いこ》へばしづかな土《つち》　中村草田男《なかむらくさたお》

【剪定《せんてい》】三月《さんがつ》のはじめごろ、芽《め》の出《で》る前《まえ》に、余分《よぶん》な木《き》の枝《えだ》を切《き》ったり枯《か》れ枝《えだ》を除《のぞ》いたりすることをいいます。風通《かぜとお》しや日当《ひあ》たりをよくして、木《き》やくだものの生育《せいいく》をよくするためです。

剪定《せんてい》の一人《ひとり》の鋏音《はさみおと》を立《た》て　深見《ふかみ》けん二《じ》

剪定《せんてい》の音《おと》の真下《ました》をとほりけり　境野大波《さかいのだいは》

【茶摘《ちゃつ》み】お茶《ちゃ》の芽《め》（新葉《しんば》）を摘《つ》みとることをいいます。立春《りっしゅん》から数《かぞ》えて八十八《はちじゅうはち》日目《にちめ》ごろ（八十八夜《はちじゅうはちや》）から二《に》、三週間《さんしゅうかん》に、もっともさかんに行《おこ》なわれます。

むさし野《の》もはてなる丘《おか》の茶摘《ちゃつ》みかな　水原秋櫻子《みずはらしゅうおうし》

向《む》きあうて茶《ちゃ》を摘《つ》む音《おと》をたつるのみ　皆吉爽雨《みなよしそうう》

【花種《はなだね》まく】夏咲《なつざ》きや秋咲《あきざ》きの草花《くさばな》は春《はる》の彼岸《ひがん》のころに種《たね》をまくのがよいとされています。

人《ひと》の手《て》は指《ゆび》と掌《てのひら》花種《はなだね》蒔《ま》く　岡本《おかもと》　眸《ひとみ》

花言葉《はなことば》かがやくばかり種《たね》を蒔《ま》く　藺草慶子《いぐさけいこ》

【潮干狩《しおひが》り】潮《しお》の引《ひ》いた遠浅《とおあさ》の海岸《かいがん》（干潟《ひがた》）で、あさりやはまぐりなどの貝《かい》をとったり、小魚《こざかな》などをとって遊《あそ》ぶことで、古《ふる》くからの春《はる》の行楽《こうらく》の一《ひと》つです。

置《お》きし物《もの》遠《とお》くなりたる汐干狩《しおひがり》　八木澤高原《やぎさわこうげん》

先生《せんせい》のはりきつ《（つ）》てゐ《い》る潮干狩《しおひがり》　いさ桜子《さくらこ》

【野遊《のあそ》び】暖《あたた》かい春《はる》の日《ひ》を浴《あ》びて野山《のやま》で遊《あそ》ぶことをいいます。

野《の》遊《あそび》や肱《ひじ》つく草《くさ》の日《ひ》の匂《にお》ひ　大須賀乙字《おおすがおつじ》

手《て》を取《と》られ川飛《かわと》び渡《わた》り野《の》に遊《あそ》ぶ　堤俳一佳《つつみはいいっか》

【摘草《つみくさ》】つくし、よめな、よもぎなど、食用《しょくよう》になる春《はる》の草《くさ》を摘《つ》みに出《で》かけることです。摘草《つみくさ》は、古《ふる》く万葉時代《まんようじだい》から行《おこ》なわれています。

摘草《つみくさ》の人《ひと》また立《た》ちて歩《ある》きけり　高野素十《たかのすじゅう》

摘草《つみくさ》や姉《あね》を敬《うやま》ふこと今《いま》も　中丸《なかまる》　涼《りょう》

【凧《たこ》】風《かぜ》の力《ちから》を利用《りよう》して空高《そらたか》く揚《あ》げて楽《たの》しむ玩具《がんぐ》です。竹《たけ》を骨《ほね》にして紙《かみ》を張《は》り、糸《いと》をつけたものです。いかのぼりともいい、今《いま》ではおもに正月《しょうがつ》の遊《あそ》びの一《ひと》つです。昔《むかし》は、春《はる》の行事《ぎょうじ》として凧揚《たこあ》げをしました。今《いま》もその行事《ぎょうじ》は残《のこ》っており、俳句《はいく》では春《はる》の季語《きご》としています。

凧《いかのぼり》きのふの空《そら》のありどころ　蕪村《ぶそん》

大凧《おおだこ》のもんどり打《う》ちし渚《なぎさ》かな　行方克巳《なめかたかつみ》

さはさはと父子《おやこ》の凧《たこ》を揚《あ》げにけり　藤田美代子《ふじたみよこ》

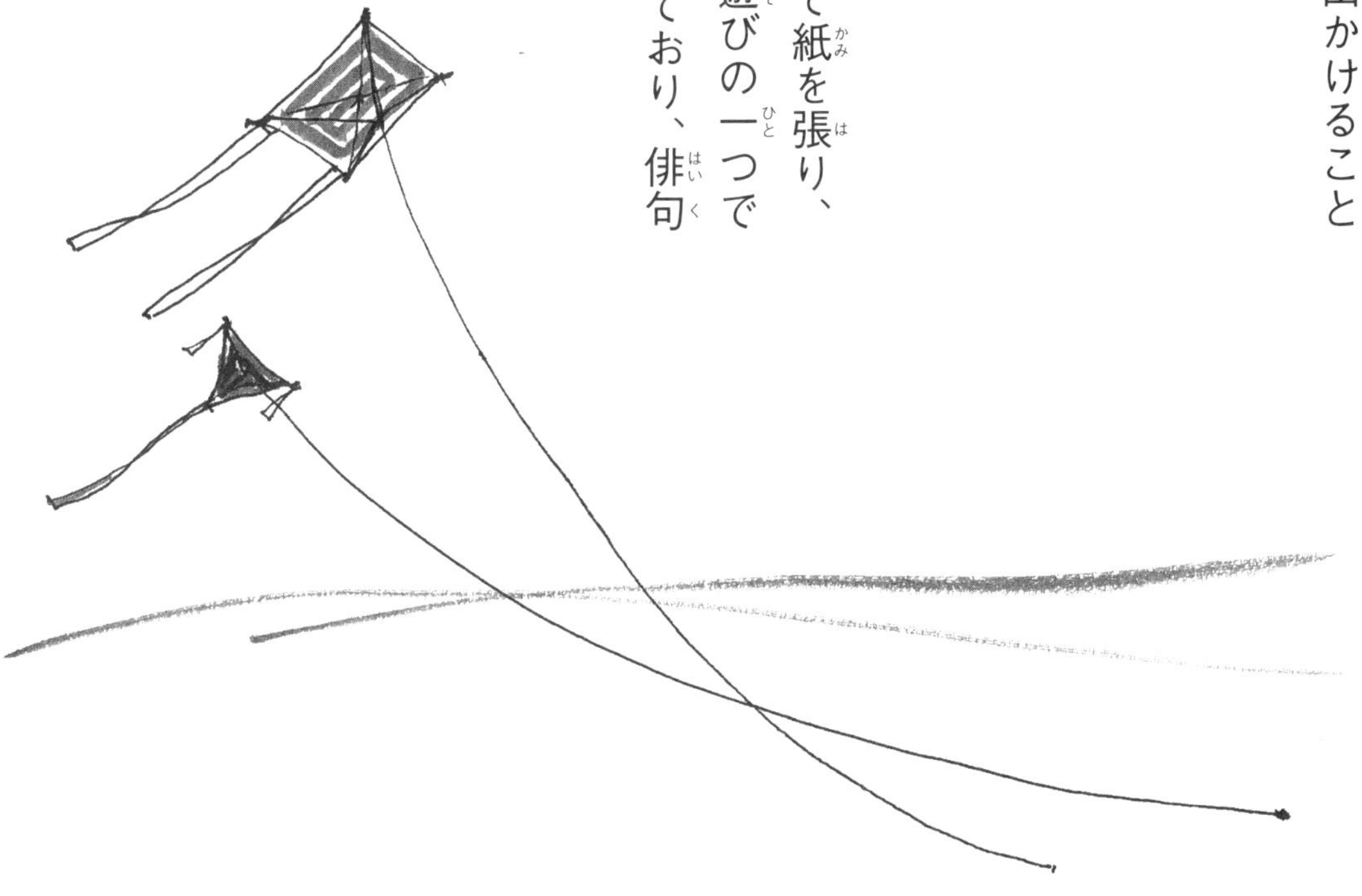

【風車《かざぐるま》】セルロイドや紙《かみ》、ビニールなどでつくられていて、風《かぜ》が当《あ》たるとくるくる回《まわ》る玩具《がんぐ》です。昔《むかし》は春《はる》になると屋台《やたい》で風車《かざぐるま》を売《う》りに来《き》ました。今《いま》も神社《じんじゃ》や寺《てら》の縁日《えんにち》などでよく売《う》られています。

止《とま》ることばかり考《かんが》へ風車《かざぐるま》　後藤比奈夫《ごとうひなお》

風車《かざぐるま》持《も》ちかへてよく廻《まわ》りけり　今井杏太郎《いまいきょうたろう》

【風船《ふうせん》】紙《かみ》を張《は》り合《あ》わせてつくった紙風船《かみふうせん》と、ゴムでできているゴム風船《ふうせん》とがあります。手《て》で突《つ》いたり飛《と》ばしたりして遊《あそ》びます。春《はる》らしい遊《あそ》びとして春《はる》の季語《きご》になっています。

置《お》きどころなくて風船《ふうせん》持《も》ち歩《ある》く　中村苑子《なかむらそのこ》

紙風船《かみふうせん》突《つ》くやいつしか立《た》ちあがり　村上喜代子《むらかみきよこ》

紙風船《かみふうせん》息吹《いきふ》き入《い》れてかへしやる　西村和子《にしむらかずこ》

【しや《(や)》ぼん玉《だま》】ストローのような細《ほそ》い管《くだ》の先《さき》に、石《せっ》けん水《すい》をつけて息《いき》を吹《ふ》き込《こ》むとしゃぼん玉《だま》ができます。光《ひかり》が当《あ》たると虹色《にじいろ》に光《ひか》ります。春《はる》らしい遊《あそ》びです。

流《なが》れつつ色《いろ》を変《か》へけり石鹸玉《しゃぼんだま》　松本《まつもと》たかし

しや《(や)》ぼん玉《だま》空《そら》に泪《なみだ》を捨《す》てにゆく　福原《ふくはら》実《みのる》

しゃぼんだま私《わたし》と私《わたし》がにらめっこ　三浦泰子《みうらやすこ》（小2）

【ぶらんこ】ぶらんこは、春《はる》ののどかさにふさわしい遊《あそ》びとして、季語《きご》になっています。鞦韆《しゅうせん》、ふらここともいいます。

鞦韆《しゅうせん》に腰《こし》かけて読《よ》む手紙《てがみ》かな　星野立子《ほしのたつこ》
ぶらんこ漕《こ》ぐ胸《むね》の矛盾《むじゅん》を波立《なみだ》たせ　大高《おおたか》翔《しょう》
ぶらんこを止《と》める決意《けつい》のやうなもの　海津篤子《かいづあつこ》

【春《はる》の風邪《かぜ》】春先《はるさき》は気候《きこう》がさだまらないので、うっかり風邪《かぜ》を引《ひ》くことがあります。すぐに治《なお》りそうで、案外《あんがい》ぐずぐずすと長引《ながび》いてしまうものです。

鷗《かもめ》ひとつ舞《ま》ひ《い》ゐ《い》て春《はる》の風邪《かぜ》心地《ごこち》　安住《あずみ》敦《あつし》
また橋《はし》に戻《もど》るあやとり春《はる》の風邪《かぜ》　森《もり》久子《ひさこ》

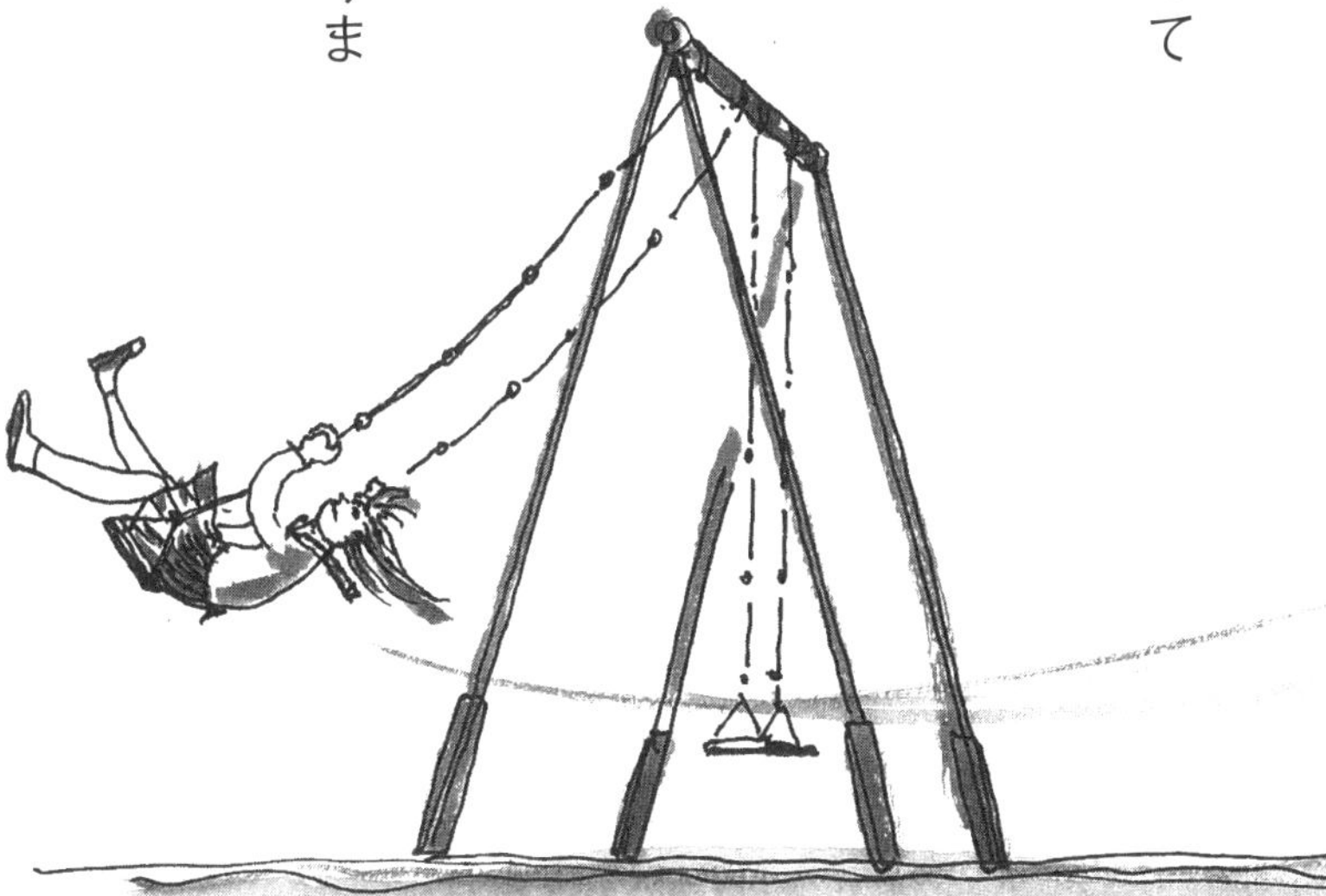

【春眠《しゅんみん》】春《はる》の夜《よる》の眠《ねむ》りを春眠《しゅんみん》といいます。春《はる》の眠《ねむ》りはここちよいものです。春眠《はるねむ》しともいいます。孟浩然《もうこうねん》という中国《ちゅうごく》の詩人《しじん》の詩《し》の一節《いっせつ》、「春眠暁《しゅんみんあかつき》を覚《おぼ》えず　処処《しょしょ》啼鳥《ていちょう》を聞《き》く」から出《で》た季語《きご》です。

金《きん》の輪《わ》の春《はる》の眠《ねむ》りにはひりけり　高浜虚子《たかはまきょし》
春眠《しゅんみん》の大《おお》き国《くに》よりかへりきし　森《もり》　澄雄《すみお》
春眠《しゅんみん》の子《こ》のやはらかに指《ゆび》ひらき　深見《ふかみ》けん二《じ》

【春愁《しゅんしゅう》】春《はる》は心《こころ》のはずむ季節《きせつ》です。それなのに、理由《りゆう》もなく気持《きも》ちがふさいで、悲《かな》しくなることがあります。そんな心《こころ》もちのことを春愁《しゅんしゅう》といいます。春《はる》うれい、春《はる》かなしともいいます。

春愁《しゅんしゅう》や平目《ひらめ》の顔《かお》に眼《め》がふたつ　草間時彦《くさまときひこ》
飛行船《ひこうせん》の真下《ました》に春《はる》の愁《うれい》かな　飯島晴子《いいじまはるこ》
春愁《しゅんしゅう》やことりことりと万華鏡《まんげきょう》　岡本春人《おかもとはるひと》
春愁《しゅんしゅう》は机《つくえ》の傷《きず》の深《ふか》さほど　大高《おおたか》　翔《しょう》

【鳥帰《とりかえ》る】冬《ふゆ》を越《こ》すために、日本《にっぽん》に渡《わた》ってきた白鳥《はくちょう》や雁《かり》、鴨《かも》などが、春《はる》になって北方《ほっぽう》へ帰《かえ》ってゆくことをいいます。

鳥帰《とりかえ》るこんにや《（や）》く村《むら》の夕空《ゆうぞら》を　飯田龍太《いいだりゅうた》
白鳥《はくちょう》の帰《かえ》りゆく胴《どう》くもりけり　大木《おおき》あまり

【猫《ねこ》の恋《こい》】春《はる》は動物《どうぶつ》の繁殖《はんしょく》の季節《きせつ》です。猫《ねこ》も繁殖期《はんしょくき》を迎《むか》え、所《ところ》かまわず相手《あいて》を求《もと》めてさかんに鳴《な》いたり、雄同士《おすどうし》で争《あらそ》ったりしているところをよく見《み》かけるようになります。そんな猫《ねこ》の行動《こうどう》をいいます。恋猫《こいねこ》、子猫《こねこ》も春《はる》の季語《きご》です。

泣《な》き虫《むし》の子猫《こねこ》を親《おや》にもどしけり　久保《くぼ》より江《え》
恋猫《こいねこ》の皿《さら》舐《な》めてすぐ鳴《な》きにゆく　加藤楸邨《かとうしゅうそん》
恋猫《こいねこ》の声《こえ》のまじれる夜風《よかぜ》かな　長谷川《はせがわ》　櫂《かい》

【亀鳴《かめな》く】「亀鳴《かめな》く」は「春《はる》の夕暮《ゆうぐ》れ、何《なに》かと思《おも》ったら亀《かめ》が鳴《な》いている」という意《い》味《み》の和歌《わか》からとられた、古《ふる》い季語《きご》です。亀《かめ》は、実際《じっさい》には鳴《な》かないようですが、俳《はい》句《く》らしい空想《くうそう》の楽《たの》しさがあります。

裏《うら》がへる亀思《かめおも》ふべし鳴《な》けるなり　石川桂郎《いしかわけいろう》
亀鳴《かめな》くやまたふりだしにもどる恋《こい》　浦川聡子《うらかわさとこ》

【さえずり】小鳥《ことり》たちも春《はる》は繁殖《はんしょく》の季節《きせつ》です。雄鳥《おすどり》は、さかんに鳴《な》きだします。そのときの鳴《な》き声《ごえ》をいいます。

囀《さえずり》をこぼさじと抱《だ》く大樹《たいじゅ》かな　星野立子《ほしのたつこ》
囀《さえずり》やピアノの上《うえ》の薄埃《うすぼこり》　島村《しまむら》　元《はじめ》

【おたまじや《(や)》くし】蛙《かえる》の子《こ》ども（幼生《ようせい》）※28で蝌蚪《かと》ともいいます。春先《はるさき》、池《いけ》や水田《すいでん》、小川《おがわ》などでは、尾《お》を振《ふ》ってさかんに泳《およ》ぎ回《まわ》っているのが見《み》られます。また、その卵《たまご》を蝌蚪《かと》の紐《ひも》といいます。

川底《かわぞこ》に蝌蚪《かと》の大国《たいこく》ありにけり　村上鬼城《むらかみきじょう》
あるときはおたまじや《(や)》くしが雲《くも》の中《なか》　飯田龍太《いいだりゅうた》
蝌蚪《かと》浮《う》きぬ水面《みなも》の風《かぜ》に触《ふ》るるまで　木暮陶句郎《こぐれとうくろう》

【蛙《かわず》】蛙《かわず》はカエルのことです。春《はる》から夏《なつ》にかけて、田《た》や畑《はたけ》などでさかんに鳴《な》きます。その鳴《な》きはじめの声《こえ》に春《はる》らしさを感《かん》じて、春《はる》の季語《きご》になりました。かえるとも読《よ》みます。

古池《ふるいけ》や蛙《かわず》飛《と》びこむ水《みず》のおと　芭蕉《ばしょう》
ゆうぜんとして山《やま》を見《み》る蛙哉《かわずかな》　一茶《いっさ》

※28 幼生《ようせい》…卵《たまご》からふ化《か》した、親《おや》と違《ちが》う形《かたち》をした子。

蛙《かわず》の目《め》越《こ》えて漣《さざなみ》又《また》さざなみ　川端《かわばた》茅舎《ぼうしゃ》
昼蛙《ひるかわず》どの畦《あぜ》のどこ曲《まが》ろうか　石川《いしかわ》桂郎《けいろう》

【うぐいす】古《ふる》くから親《した》しまれてきた小鳥《ことり》で、詩歌《しいか》にも数多《かずおお》く詠《よ》まれてきました。冬《ふゆ》の間《あいだ》は、やぶの中《なか》で地鳴《じな》きしていて、春《はる》になるとホーホケキョと美《うつく》しい声《こえ》で鳴《な》きはじめます。その年《とし》にはじめてきく鶯《うぐいす》の声《こえ》を初音《はつね》といいます。やがて、大《おお》きな声《こえ》でケキョケキョケキョケキョと鳴《な》くようになり、これを、うぐいすの谷渡《たにわた》りといいます。

鶯《うぐいす》の身《み》をさかさまに初音《はつね》かな　其角《きかく》
うぐひ《い》すの啼《なく》やちひ《い》さき口明《くちあい》て　蕪村《ぶそん》
鶯《うぐいす》や前山《まえやま》いよよ雨《あめ》の中《なか》　水原《みずはら》秋櫻子《しゅうおうし》

【ひばり】春《はる》になると、野原《のはら》や河原《かわら》などでよく見《み》られるようになる鳥《とり》です。空高《そらたか》く舞《ま》い上《あ》がってピーチュル、ピーチュルとにぎやかにさえずり、一気《いっき》に急降下《きゅうこうか》します。そのようすを、揚《あ》げひばり、落《お》ちひばりといいます。

物草《ものぐさ》の太郎《たろう》※29の上《うえ》や揚雲雀《あげひばり》　夏目《なつめ》漱石《そうせき》
そんなにも空《そら》が好《す》きかいひばりさん　松浦《まつうら》敬親《けいしん》
揚雲雀《あげひばり》空《そら》のまん中《なか》ここよここよ　正木《まさき》ゆう子《こ》

※29 **物草《ものぐさ》の太郎《たろう》**…無精《ぶしょう》な人のこと。

【つばめ】春《はる》に渡《わた》ってきて、人家《じんか》の軒先《のきさき》などに巣《す》をつくり、子育《こそだ》てをし、秋《あき》になって南方《なんぽう》に帰《かえ》ってゆく渡《わた》り鳥《どり》です。つばくろ、つばくらめともいいます。

つばめつばめ泥《どろ》が好《す》きなる燕《つばめ》かな　細見綾子《ほそみあやこ》

つばくらめナイフに海《うみ》の蒼《あお》さあり　奥坂《おくざか》まや

つばくらめ紙飛行機《かみひこうき》のやう《よ》にとぶ　ともたけりつ子《こ》

【鳥《とり》の巣《す》】鳥《とり》は、春《はる》に卵《たまご》を産《う》み、子育《こそだ》てをします。鳥《とり》の巣《す》は、鳥《とり》の種類《しゅるい》によって、形《かたち》や材料《ざいりょう》、つくる場所《ばしょ》もいろいろです。

てのひらに鳥《とり》の巣《す》といふ《う》もろきもの　石《いし》寒太《かんた》

燕《つばめ》の巣岬《すみさき》の町《まち》のなんでも屋《や》　藤原日佐子《ふじわらひさこ》

【白魚《しらうお》】体長十《たいちょうじゅっ》センチほどの魚《さかな》で体《からだ》は透《す》き通《とお》っています。春《はる》になると、産卵《さんらん》のため海《うみ》から川《かわ》や湖《みずうみ》にのぼってきます。このとき網《あみ》でとって食用《しょくよう》にします。

明《あけ》ぼのやしら魚《うお》しろきこと一寸《いっすん》※30　芭蕉《ばしょう》

白魚《しらうお》のどつ（つ）と生《うま》るるおぼろ哉《かな》　一茶《いっさ》

※30　一寸《いっすん》…寸《すん》は長《なが》さをあらわす単位《たんい》。一寸《いっすん》は約《やく》3センチ。

【桜鯛《さくらだい》】桜《さくら》の咲《さ》くころ、産卵《さんらん》のために沿岸《えんがん》に集《あつ》まってくる真鯛《まだい》のことです。ことに雄《おす》の真鯛《まだい》は、腹部《ふくぶ》が婚姻色《こんいんしょく》といって、そのころ、赤《あか》みをおびてきます。瀬戸内《せとない》海《かい》でとれるものが有名《ゆうめい》です。

こまごまと白《しろ》き歯並《はなみ》や桜鯛《さくらだい》　川端茅舎《かわばたぼうしゃ》

大《おお》いなるうろこ飛《と》び散《ち》る桜鯛《さくらだい》　山口波津女《やまぐちはつじょ》

【はまぐり】浅《あさ》い海底《かいてい》の砂《すな》の中《なか》にいる二枚貝《にまいがい》のことで、栗《くり》に形《かたち》が似《に》ているので、はまぐりと名《な》づけられたようです。身《み》は白《しろ》く、味《あじ》も上品《じょうひん》なので、婚礼《こんれい》や雛《ひな》の節句《せっく》などによく使《つか》われます。殻《から》も美《うつく》しく平安時代《へいあんじだい》から貝合《かいあ》わせという遊《あそ》びに用《もち》いられてきました。

引《ひ》く汐《しお》に遅《おく》れ蛤走《はまぐりはし》りけり　殿村菟絲子《とのむらとしこ》

泡《あわ》ぷくと吐《は》き蛤《はまぐり》の身《み》じろぎぬ　後藤綾子《ごとうあやこ》

【あさり】ハマグリ科《か》の二枚貝《にまいがい》で、はまぐりと同《おな》じ淡水《たんすい》のまじる海浜《かいひん》にすみ、潮《しお》干狩《ひが》りでよくとれる貝《かい》のことです。あさり汁《じる》にしたり、佃煮《つくだに》にしたりします。

浅蜊《あさり》に水《みず》いつ（っ）ぱい張《は》つ（っ）て熟睡《じゅくすい》す　菖蒲《しょうぶ》あや

雨暗《あめくら》き湖《うみ》の浅蜊《あさり》を掻《か》きあげる　林《はやし》　徹《てつ》

【しじみ】川《かわ》、沼《ぬま》、湖《みずうみ》などの砂地《すなち》や泥地《どろち》にいる二枚貝《にまいがい》で、殻《から》は小《ちい》さくて黒《くろ》っぽい色《いろ》をしています。舟《ふね》に乗《の》り竿先《さおさき》のかごで水底《みなそこ》をすくってしじみをとり、その舟《ふね》をしじみ舟《ぶね》といいます。しじみ汁《じる》は食卓《しょくたく》にかかせない栄養源《えいようげん》の一《ひと》つです。

雨《あま》やどり人《ひと》が買《か》ふゆゑ買《か》ふ蜆《しじみ》　米沢吾亦紅《よねざわわれもこう》

しじみじるぽっかり口《くち》をあけてるね　横尾《よこお》　歩《あゆみ》（小2）

【桜貝《さくらがい》】浅《あさ》い海《うみ》にすむ三《さん》センチほどの二枚貝《にまいがい》で、色《いろ》や形《かたち》が桜《さくら》の花《はな》びらのようなので、こう呼《よ》ばれています。殻《から》は真珠《しんじゅ》のようなつやがあり、貝細工《かいざいく》にも使《つか》われます。春《はる》には、砂浜《すなはま》に殻《から》が打《う》ち上《あ》げられているのをよく見《み》かけます。

ひく波《なみ》の跡《あと》美《うつく》しや桜貝《さくらがい》　松本《まつもと》たかし

さくら貝《がい》拾《ひろ》ひあつめて色《いろ》湧《わ》けり　上村占魚《うえむらせんぎょ》

さくら貝《がい》ゆらゆらゆらとうみの音《おと》　尾中《おなか》　彩《あや》（小1）

【たにし】かたつむりを少《すこ》し長《なが》くしたような黒《くろ》い殻《から》を持《も》つ巻貝《まきがい》で、ぬるぬるしています。池《いけ》や田《た》にいて、煮《に》たり、和《あ》えものにしたりして昔《むかし》はよく食《た》べました。実《じっ》際《さい》は鳴《な》きませんが、俳句《はいく》では、たにし鳴《な》くという季語《きご》もあります。

月《つき》の出《で》のおそきをなげく田螺《たにし》かな　久保田万太郎《くぼたまんたろう》

たにし

足音《あしおと》にころりと寝《ね》たる田螺《たにし》かな　廣瀬《ひろせ》蕗葉《ろよう》

【にな】二《に》、三《さん》センチほどの細長《ほそなが》い巻貝《まきがい》で、川《かわ》や水田《すいでん》、池《いけ》などにすんでいます。蛍《ほたる》の幼虫《ようちゅう》が好《この》んで食《た》べるため、蛍貝《ほたるがい》と呼《よ》ぶ地方《ちほう》もあります。ゆっくりと這《は》っていった跡《あと》が一筋《ひとすじ》の道《みち》のように残《のこ》るので、それをになの道《みち》といっています。

砂川《すながわ》の螺《にな》に静《しず》かな日《ひ》ざしかな　村上《むらかみ》鬼城《きじょう》
螺《にな》進《すす》む吾《わ》れも何《なん》とかなるならむ　飯島《いいじま》晴子《はるこ》

【蝶《ちょう》】四季《しき》を通《つう》じて見《み》られる蝶《ちょう》ですが、ただ単《たん》に蝶《ちょう》といえば春《はる》の蝶《ちょう》のことです。そのほかの季節《きせつ》では、夏《なつ》の蝶《ちょう》、秋《あき》の蝶《ちょう》などと分《わ》けて呼《よ》んでいます。特《とく》に、三月《さんがつ》ごろ、はじめて見《み》かける蝶《ちょう》は初蝶《はつちょう》と呼《よ》ばれ、春《はる》のおとずれをいち早《はや》く感《かん》じさせてくれるものです。また、しじみ蝶《ちょう》、紋白蝶《もんしろちょう》など、種類《しゅるい》をはっきりさせて句《く》に詠《よ》まれる場合《ばあい》もあります。

天《てん》よりもかがやくものは蝶《ちょう》の翅《はね》　山口《やまぐち》誓子《せいし》
あをあをと空《そら》を残《のこ》して蝶分《ちょうわか》れ　大野《おおの》林火《りんか》
蝶《ちょう》と逢《あ》ひ犬《いぬ》と行《ゆ》き逢《あ》ひ乳母車《うばぐるま》　藤松《ふじまつ》遊子《ゆうし》
ひかり野《の》へ君《きみ》なら蝶《ちょう》に乗《の》れるだろう　折笠《おりがさ》美秋《びしゅう》
おはながねちょうちょうをだっこしているよ　佐々木《ささき》瞳《ひとみ》（4歳）

にな

【蜂《はち》】春《はる》から夏《なつ》にかけて花《はな》を求《もと》めて飛《と》びまわる蜂《はち》を見《み》ると季節《きせつ》の活力《かつりょく》を感《かん》じます。蜂蜜《はちみつ》をとるために飼《か》われる蜜蜂《みつばち》はよく知《し》られています。尾《お》にするどい針《はり》を持《も》っているので、大型《おおがた》の熊蜂《くまばち》や雀蜂《すずめばち》に刺《さ》されると危険《きけん》です。女王蜂《じょおうばち》を中心《ちゅうしん》に、蜂《はち》の社会《しゃかい》は整然《せいぜん》としています。

蜂《はち》の尻《しり》ふはふはと針《はり》をさめけり　川端茅舎《かわばたぼうしゃ》

朝刊《ちょうかん》に日《ひ》いつ《(つ)》ぱいや蜂《はち》あゆむ　橋本多佳子《はしもとたかこ》

腹《はら》に蜜《みつ》重《おも》くして蜂敵《はちてき》と遇《あ》ふ　津田清子《つだきよこ》

とんできてはちがさしたよぼくの手《て》を　年森慎一《としもりしんいち》（小1）

【蚕《かいこ》】絹糸《きぬいと》をとるために飼《か》われている蚕蛾《こが》の幼虫《ようちゅう》のことです。蚕《かいこ》は四月《しがつ》なかばごろふ化《か》して、桑《くわ》の葉《は》を食《た》べて大《おお》きくなります。成長《せいちょう》した蚕《かいこ》は糸《いと》を吐《は》いて繭《まゆ》をつくります。昔《むかし》はさかんに行《おこ》なわれていた蚕飼《こがい》もこのごろはあまり見《み》かけなくなりました。

高嶺星蚕飼《たかねぼしこがい》※31の村《むら》は寝《ね》しづ《ず》まり　水原秋櫻子《みずはらしゅうおうし》

頭《ず》を上《あ》げる力《ちから》のこれる捨《す》て蚕《ご》かな　加倉井秋《かくらいあき》を

人《ひと》といふ字《うじ》になつ《(つ)》てゐ《い》る蚕《かいこ》かな　中田《なかだ》みづほ

※31 蚕飼《こがい》…絹《きぬ》をとるために蚕《かいこ》を飼《か》うこと。

【梅《うめ》】梅《うめ》は古《ふる》くから愛《あい》されてきた花《はな》です。詩歌《しいか》にも数多《かずおお》く詠《よ》まれてきました。春《はる》先《さき》のまだ寒《さむ》いころに、ひとつふたつと花《はな》が咲《さ》きはじめます。白《しろ》や紅色《べにいろ》の、よい香《かお》りの花《はな》です。梅園《ばいえん》や梅林《ばいりん》などには梅見《うめみ》といって、梅《うめ》を見《み》る人《ひと》たちが訪《おとず》れます。

うめが香《か》にのつ《(つ)》と日《ひ》の出《で》る山路《やまじ》かな　芭蕉《ばしょう》

梅一輪《うめいちりん》一輪《いちりん》ほどの暖《あたた》かさ　嵐雪《らんせつ》

青空《あおぞら》に触《ふ》れし枝《えだ》より梅《うめ》ひらく　片山由美子《かたやまゆみこ》

日当《ひあ》たりて紅梅《こうばい》にこゑ凛々《りんりん》と　石嶌《いしじま》岳《がく》

【椿《つばき》】椿《つばき》はよく庭《にわ》に植《う》えられている常緑樹《じょうりょくじゅ》です。春《はる》につややかな厚《あつ》い花《はな》びらの花《はな》を咲《さ》かせます。花椿《はなつばき》ともいいます。ふつうに椿《つばき》というと一重咲《ひとえざ》きの赤《あか》い花《はな》をいうことが多《おお》いのですが、種類《しゅるい》が多《おお》く、白《しろ》や薄紅色《うすべにいろ》、しぼりのもの、また、八重咲《やえざ》きのものなどもあります。散《ち》る時《とき》に、花《はな》びらが一枚《いちまい》ずつ散《ち》るのではなく、花全体《はなぜんたい》がぽとんと落《お》ちます。これを落椿《おちつばき》といいます。

落《お》ちざまに水《みず》こぼしけり花椿《はなつばき》　芭蕉《ばしょう》

牛《うし》の子《こ》の顔《かお》をつん出《だ》す椿《つばき》かな　一茶《いっさ》

赤《あか》い椿白《つばきしろ》い椿《つばき》と落《お》ちにけり　河東碧梧桐《かわひがしへきごとう》

【桜《さくら》】日本人《にっぽんじん》にとって、もっとも春《はる》の到来《とうらい》を感《かん》じさせる花《はな》です。詩歌《しいか》でもたくさん詠《よ》まれてきました。和歌《わか》や俳句《はいく》で花《はな》といえば桜《さくら》のことをさします。桜《さくら》を見《み》に行《ゆ》くことを花見《はなみ》といい、夕方《ゆうがた》や夜《よる》の桜《さくら》を夕桜《ゆうざくら》、夜桜《よざくら》といって、それぞれ味《あじ》わいがあります。桜《さくら》が散《ち》ることを落花《らっか》、いっせいにはなびらが風《かぜ》に舞《ま》うことを花吹雪《はなふぶき》といいます。花《はな》の終《お》わるころ、花《はな》にまじって葉《は》が出《で》てきます。

さまざまの事《こと》思《おも》ひ出《いだ》す桜《さくら》かな　芭蕉《ばしょう》
ゆさゆさと大枝《おおえだ》ゆるる桜《さくら》かな　村上鬼城《むらかみきじょう》
まさをなる空《そら》よりしだれざくらかな　富安風生《とみやすふうせい》
ちるさくら海《うみ》あをければ海《うみ》へちる　高屋窓秋《たかやそうしゅう》
人体《じんたい》冷《ひ》えて東北《とうほく》白《しろ》い花盛《はなざか》り　金子兜太《かねことうた》
何《なに》を食《た》べても音《おと》がするなり桜散《さくらち》る　池田澄子《いけだすみこ》
満開《まんかい》のさくらの下《した》でお弁当《べんとう》　木村《きむら》ゆうた（小3）
かばさんがあくびをしたらさくらちる　秋田直人《あきたなおと》（5歳）

【八重桜《やえざくら》】八重咲《やえざ》きの桜《さくら》です。大《おお》きめな花《はな》が重《おも》たそうに、他《た》の桜《さくら》よりやや遅《おそ》い時期《じき》に開《ひら》きます。

奈良《なら》七重《ななえ》七堂伽藍《しちどうがらん》※32八重《やえ》ざくら　芭蕉《ばしょう》

※32 **七堂伽藍《しちどうがらん》**…寺院《じいん》の主《おも》な七《なな》つの建物《たてもの》のこと。

【沈丁花《じんちょうげ》】沈丁《じんちょう》ともいいます。庭《にわ》や玄関先《げんかんさき》に植《う》えられる低木《ていぼく》で、早春《そうしゅん》に咲《さ》きます。花《はな》が咲《さ》くと、よい香《かお》りが遠《とお》くまで漂《ただよ》ってきます。つぼみは赤紫色《あかむらさきいろ》で、開《ひら》くと白《しろ》い花《はな》が、枝先《えださき》にかたまって咲《さ》きます。

三日月《みかづき》の大《おお》きかりける沈丁花《じんちょうげ》　松本《まつもと》たかし

沈丁《じんちょう》の香《か》になれてゐて楽譜《がくふ》かく　池内友次郎《いけのうちともじろう》

【つつじ】春《はる》から初夏《しょか》にかけて、紅《べに》、白《しろ》、紫《むらさき》、しぼりなどの花《はな》を鮮《あざ》やかに咲《さ》かせる低木《ていぼく》です。庭園《ていえん》や、道路《どうろ》の植《う》え込《こ》みによく使《つか》われます。

映《うつ》りたるつつじに緋鯉《ひごい》現《あらわ》れし　高浜虚子《たかはまきょし》

躑躅《つつじ》わけ親仔《おやこ》の馬《うま》が牧《まき》に来《く》る　水原秋櫻子《みずはらしゅうおうし》

【木蓮《もくれん》】よく庭《にわ》に植《う》えられる木《き》で、三月《さんがつ》ごろ紫《むらさき》や白《しろ》の大《おお》きなカップのような形《かたち》の花《はな》が上向《うわむ》きにつきます。白《しろ》いものを、とくに、白木蓮《はくれん》と呼《よ》ぶこともあります。

木蓮《もくれん》の窓《まど》一杯《いっぱい》にゆれにけり　真喜屋牧也《まきやまきなり》

はくれんの散《ち》るべく風《かぜ》にさからへる　中村汀女《なかむらていじょ》

【藤《ふじ》】つる性《せい》の植物《しょくぶつ》で、春《はる》も終《お》わるころ、紫色《むらさきいろ》の小《ちい》さな花《はな》がたくさん、房《ふさ》のように垂《た》れてつきます。藤棚《ふじだな》をつくってつるをはわせ、花《はな》を楽《たの》しみます。白《しろ》い花《はな》は、白藤《しらふじ》といいます。

草臥《くたびれ》て宿《やど》かる※33比《ころ》や藤《ふじ》の花《はな》　芭蕉《ばしょう》
ビロードの虻《あぶ》ビロードの白藤《しらふじ》に　星野立子《ほしのたつこ》
藤《ふじ》の昼膝《ひるひざ》やはらかくひとに逢《あ》ふ　桂信子《かつらのぶこ》

【山吹《やまぶき》】古《ふる》くから詩歌《しいか》に詠《よ》まれてきた花《はな》です。四月《しがつ》ごろ、若葉《わかば》といっしょに鮮《あざ》やかな黄色《きいろ》の花《はな》をつけた枝《えだ》が、垂《た》れて地《ち》をおおうように伸《の》び、花《はな》びらを散《ち》らします。八重咲《やえざ》きのものもあります。

ほろほろと山吹《やまぶき》散《ち》るか滝《たき》の音《おと》　芭蕉《ばしょう》
山吹《やまぶき》の一重《ひとえ》の花《はな》の重《かさ》なりぬ　高野素十《たかのすじゅう》

【桃《もも》の花《はな》】ひな祭《まつ》りに飾《かざ》る、可愛《かわい》らしいピンクの花《はな》です。桃《もも》の実《み》を育《そだ》てる桃畑《ももばたけ》は、四月《しがつ》ごろ、いちめんのピンク色《いろ》でおおわれます。白《しろ》い花《はな》もあります。

野《の》に出《で》れば人《ひと》みなやさし桃《もも》の花《はな》　高野素十《たかのすじゅう》
ふだん着《ぎ》でふだんの心桃《こころもも》の花《はな》　細見綾子《ほそみあやこ》

※33 かる…借《か》りる。

赤《あか》ん坊《ぼう》の掌《て》の中《なか》からも桃《もも》の花《はな》　長谷川《はせがわ》　櫂《かい》

【梨《なし》の花《はな》】梨《なし》は、四月《しがつ》ごろ、桜《さくら》に似《に》た白《しろ》い花《はな》を五日間《いつかかん》ほど咲《さ》かせます。梨園《なしえん》では梨棚《なしだな》がいちめんに白《しろ》く見《み》えます。

甲斐《かい》がね※34に雲《くも》こそかかれ梨《なし》の花《はな》　蕪村《ぶそん》

梨棚《なしだな》の跳《は》ねたる枝《えだ》も花盛《はなざか》り　松本《まつもと》たかし

梨《なし》咲《さ》きぬ言葉《ことば》の届《とど》く高《たか》さにて　岡本《おかもと》　眸《ひとみ》

【りんごの花《はな》】りんごは、四月《しがつ》ごろに、桜《さくら》に似《に》た花《はな》を咲《さ》かせます。つぼみのときはうす紅色《べにいろ》ですが、開《ひら》くと白《しろ》くなります。花《はな》りんごともいいます。秋《あき》に実《み》がなります。

みちのくの山《やま》たたなは《わ》る※35花林檎《はなりんご》　山口青邨《やまぐちせいそん》

きらめきて過《す》ぎし一語《いちご》や花林檎《はなりんご》　加藤三七子《かとうみなこ》

※34 **甲斐《かい》がね**…甲斐《かい》は山梨《やまなし》県《けん》。甲斐《かい》の山《やま》ということ。

※35 **たたなは《わ》る**…重《かさ》なりあって、並《なら》ぶこと。

りんごのはな

【木《こ》の芽《め》】春《はる》の木《き》の芽《め》のことです。まだ葉《は》がついていない木々《きぎ》も、よく見《み》ると、黄緑《きみどり》や茶色《ちゃいろ》の芽《め》をつけていて、やがてそれが葉《は》や花《はな》になるのです。芽立《めだ》ち、芽吹《めぶ》くともいいます。

額《がく》の芽《め》の一葉《ひとは》大《おお》きくほぐれたり　池内《いけのうち》たけし
ひた急《いそ》ぐ犬《いぬ》に会《あ》ひけり木《こ》の芽道《めみち》　中村草田男《なかむらくさたお》
がうがうと欅芽吹《けやきめぶ》けり風《かぜ》の中《なか》　石田波郷《いしだはきょう》

【柳《やなぎ》】川《かわ》べりや湖《みずうみ》の岸辺《きしべ》でよく見《み》られる木《き》です。春《はる》の芽吹《めぶ》きが美《うつく》しく、枝《えだ》が風《かぜ》に揺《ゆ》れたり、水辺《みずべ》に垂《た》れるようすが好《この》まれて、街路樹《がいろじゅ》としてもよく植《う》えられます。

傘《からかさ》に押分《おしわ》け見《み》たる柳《やなぎ》かな　芭蕉《ばしょう》
雪《ゆき》どけの中《なか》でしだるる柳《やなぎ》かな　芥川龍之介《あくたがわりゅうのすけ》
対岸《たいがん》の人《ひと》に日当《ひあ》たる柳《やなぎ》かな　岸田稚魚《きしだちぎょ》

【杉《すぎ》の花《はな》】杉《すぎ》は木材《もくざい》として使《つか》われる木《き》です。春《はる》には、赤《あか》みがかった茶色《ちゃいろ》の米粒《こめつぶ》のような花《はな》がいっぱいつき、杉《すぎ》の花粉《かふん》が飛《と》んで花粉症《かふんしょう》の原因《げんいん》になっています。

一《ひと》すぢの春《はる》の日《ひ》さしぬ杉《すぎ》の花《はな》　前田普羅《まえだふら》
峡空《かいぞら》※36へ吹《ふ》きぬけ杉《すぎ》の花《はな》けぶる　山口草堂《やまぐちそうどう》

※36　**峡空《かいぞら》**…峡《かい》から見《み》える空《そら》。峡《かい》は山《やま》と山《やま》の間《あいだ》のこと。

【猫柳《ねこやなぎ》】えのころやなぎともいって、早春《そうしゅん》のころ、銀《ぎん》ねずみ色《いろ》のやわらかい毛《け》でおおわれた卵形《たまごがた》の穂《ほ》がつく木《き》です。猫柳《ねこやなぎ》は、その毛《け》が猫《ねこ》を思《おも》わせるのでついた名前《なまえ》です。

猫柳《ねこやなぎ》四五歩《しごほ》離《はな》れて暮《くれ》れてを《お》り　　高野素十《たかのすじゅう》
ときを《お》りの水《みず》のささやき猫柳《ねこやなぎ》　　中村汀女《なかむらていじょ》

【竹《たけ》の秋《あき》】竹《たけ》は四月《しがつ》ごろ、たけのこが出《で》てくると葉《は》が黄色《きいろ》くなって散《ち》ります。これが秋《あき》の紅葉《こうよう》のようなので、竹《たけ》の秋《あき》または竹秋《ちくしゅう》といいます。反対《はんたい》に秋《あき》には葉《は》が青々《あおあお》としてくるので、竹《たけ》の春《はる》といいます。

竹《たけ》の秋《あき》ひとすぢ《じ》の日《ひ》の地《ち》にさしぬ　　大野林火《おおのりんか》
みづ《ず》うみのここさざなみや竹《たけ》の秋《あき》　　森《もり》　澄雄《すみお》

【黄水仙《きずいせん》】水仙《すいせん》の一種《いっしゅ》です。よい香《かお》りの鮮《あざ》やかな黄色《きいろ》い花《はな》を、茎《くき》のてっぺんに横《よこ》向《む》きに咲《さ》かせます。ふつうに水仙《すいせん》というと、冬《ふゆ》の水仙《すいせん》のことになります。

卓上《たくじょう》に家庭百科《かていひゃっか》と黄水仙《きずいせん》　　遠藤梧逸《えんどうごいつ》
黄水仙《きずいせん》人《ひと》の声《こえ》にも揺《ゆ》れゐ《い》たる　　村沢夏風《むらさわかふう》

【わすれなぐさ】私《わたし》を忘《わす》れないで、という花《はな》ことばで知《し》られています。るり色《いろ》のこまかい花《はな》をたくさんつける小《ちい》さな草花《くさばな》です。

雨晴《あめは》れて忘《わす》れな草《ぐさ》に仲直《なかなお》り　杉田久女《すぎたひさじょ》

奏《かな》でる海《うみ》へ音《おと》なく大河《たいが》勿忘草《わすれなぐさ》　中村草田男《なかむらくさたお》

【アネモネ】ギリシャ神話《しんわ》にも出《で》てくる花《はな》です。うすくやわらかな大《おお》きな花《はな》びらで、あでやかな赤《あか》や紫《むらさき》などの花《はな》を咲《さ》かせます。

アネモネの花《はな》くつがへしをるは虻《あぶ》　高野素十《たかのすじゅう》

アネモネやきらきらきらと窓《まど》に海《うみ》　草間時彦《くさまときひこ》

【フリージア】よく花屋《はなや》で切《き》り花《ばな》として売《う》られています。百合《ゆり》に似《に》た、よい香《かお》りの花《はな》を、茎《くき》の先《さき》にいくつかつけるかれんな花《はな》です。色《いろ》は黄色《きいろ》のほかに、うす紫《むらさき》や白《しろ》などがあります。

フリージアの花《はな》の五姉妹《ごしまい》七姉妹《ななしまい》　堀葦男《ほりあしお》

熱高《ねつたか》く睡《ねむ》るフリージヤの香《か》の中《なか》に　古賀《こが》まり子《こ》

【チューリップ】球根《きゅうこん》で育《そだ》つ草花《くさばな》で、学校《がっこう》や公園《こうえん》の花壇《かだん》によく植《う》えられています。上向《うわむ》きの鐘《かね》のような形《かたち》の花《はな》で、いろいろな色《いろ》があります。

鉛筆《えんぴつ》で書《か》く音静《おとしず》かチューリップ　星野立子《ほしのたつこ》

チューリップ喜《よろこ》びだけを持《も》つ《(つ)》てゐ《い》る　細見綾子《ほそみあやこ》

チューリップなんだか声《こえ》が聞《き》こえそう　細田未来《ほそだみらい》(小2)

花《はな》びらが重《かさ》なり合《あ》ってチューリップ　田辺彩香《たなべあやか》(小4)

【クロッカス】まだ寒《さむ》いうちに開《ひら》き、春《はる》のおとずれを教《おし》えてくれる花《はな》の一《ひと》つです。地面《じめん》から顔《かお》を出《だ》したように咲《さ》きます。紫《むらさき》や黄色《きいろ》があります。

日《ひ》が射《さ》してもうクロツ《(ッ)》カス咲《さ》く時分《じぶん》　高野素十《たかのすじゅう》

何色《なにいろ》の花《はな》が咲《さ》くのかクロッカス　今村将《いまむらまさし》(小6)

【シクラメン】ハート形《がた》の葉《は》の間《あいだ》から茎《くき》がすっくと伸《の》びて、蝶《ちょう》のような花《はな》をはなやかに咲《さ》かせます。鉢植《はちう》えとして、玄関《げんかん》や店先《みせさき》などにも飾《かざ》られています。園芸《えんげい》店《てん》では冬《ふゆ》のうちから売《う》られています。

部屋《へや》のことすべて鏡《かがみ》にシクラメン　中村汀女《なかむらていじょ》

シクラメン引越《ひっこし》の荷《に》の中《なか》に咲《さ》く　宮本鈴《みやもとすず》

【ヒヤシンス】よく水栽培《みずさいばい》にする球根植物《きゅうこんしょくぶつ》です。茎《くき》の先《さき》に、香《かお》りの強《つよ》い花《はな》が房状《ふさじょう》に集《あつ》まって咲《さ》きます。色《いろ》は紫《むらさき》のほかに、赤《あか》や白《しろ》、黄色《きいろ》などもあります。

園丁《えんてい》※37や胸《むね》に抱《だ》き来《き》しヒヤシンス　島村《しまむら》元《はじめ》

ヒヤシンス小鳥《ことり》を埋《う》めしところより　秋野《あきの》恒《こう》

【菜《な》の花《はな》】いよいよ暖《あたた》かくなると、菜《な》の花《はな》が、十字《じゅうじ》の黄色《きいろ》い花《はな》をたくさんつけます。いちめんに広《ひろ》がる菜《な》の花畑《はなばたけ》は、春《はる》ののどかさに満《み》ちています。花菜《はなな》とも呼《よ》び、つぼみを塩漬《しおづ》けにしたり、若葉《わかば》を茎《くき》ごとゆでて食《た》べます。種《たね》から油《あぶら》をとるので、菜種《なたね》の花《はな》ともいいます。

菜《な》の花《はな》や月《つき》は東《ひがし》に日《ひ》は西《にし》に　蕪村《ぶそん》

家々《いえいえ》や菜《な》の花《はな》いろの燈《ひ》をともし　木下《きのした》夕爾《ゆうじ》

菜《な》の花《はな》がしあは《わ》せさ《そ》うに黄色《きいろ》して　細見《ほそみ》綾子《あやこ》

【大根《だいこん》の花《はな》】菜《な》の花《はな》に似《に》た、白《しろ》、またはうすいピンクがかった花《はな》をつけます。種《たね》をとるために畑《はたけ》に残《のこ》しておく花《はな》です。花大根《はなだいこん》ともいいます。

大根《だいこん》の花《はな》や青空色《あおぞらいろ》足《た》らぬ　波多野《はたの》爽波《そうは》

大根《だいこん》の花《はな》が最《もっと》も蝶《ちょう》集《あつ》め　中村《なかむら》瑞穂《みずほ》

だいこんのはな

※37 園丁《えんてい》…公園《こうえん》や庭園《ていえん》の手入《てい》れをする人《ひと》。

【豆《まめ》の花《はな》】そら豆《まめ》や、えんどうなど、マメ科《か》の花《はな》のことです。蝶《ちょう》が羽《はね》を広《ひろ》げたような愛《あい》らしい形《かたち》で、色《いろ》は白《しろ》やうす紫《むらさき》ですが、そら豆《まめ》の花《はな》には黒《くろ》いはん点《てん》があります。つる性《せい》の植物《しょくぶつ》です。

浅間《あさま》晴《は》れて豌豆《えんどう》の花《はな》真白《ましろ》なり　　高浜虚子《たかはまきょし》

豆《まめ》の花海《はなうみ》にいろなき日《ひ》なりけり　　久保田万太郎《くぼたまんたろう》

そら豆《まめ》の花《はな》の黒《くろ》き目数《めかず》知《し》れず　　中村草田男《なかむらくさたお》

【ねぎ坊主《ぼうず》】ねぎは春《はる》の終《お》わりのころ、茎《くき》のてっぺんに花《はな》をつけます。小《ちい》さな無数《むすう》の花《はな》が集《あつ》まって、まるい坊主頭《ぼうずあたま》のような形《かたち》に見《み》えます。それをねぎ坊主《ぼうず》、またはねぎの花《はな》といいます。

葱坊主《ねぎぼうず》どこをふり向《む》きても故郷《こきょう》　　寺山修司《てらやましゅうじ》

その上《うえ》を雲行《くもゆ》く迅《はや》さ葱坊主《ねぎぼうず》　　石嶌《いしじま》　岳《がく》

そら豆の花

ねぎ坊主

【レタス】さわやかなうす緑色《みどりいろ》の葉《は》をやわらかく巻《ま》いた野菜《やさい》です。ちしゃともいいます。サラダやサンドイッチに使《つか》います。

食《た》べ食《た》べて余《あま》りし萵苣《ちしゃ》は咲《さ》かせけり　林原《はやしばら》耒井《らいせい》

レタス噛《か》む寝起《ねお》き一枚《いちまい》のシャツ繕《つくろ》ひ　堀《ほり》　風祭子《ふうさいし》

【ほうれんそう】青菜《あおな》の一《ひと》つで、栄養《えいよう》が豊富《ほうふ》です。まだ寒《さむ》さの残《のこ》るころに、畑《はたけ》で濃《こ》い緑《みどり》の葉《は》をふさふさとのばしているのを見《み》かけます。

吾子《あこ》の口《くち》菠薐草《ほうれんそう》のみどり染《そ》め　深見《ふかみ》けん二《じ》

菠薐草《ほうれんそう》スープよ煮《に》えよ子《こ》よ癒《い》えよ　西村《にしむら》和子《かずこ》

【茎立《くくたち》】春《はる》も中《なか》ごろになると、とり残《のこ》された大根《だいこん》やかぶなどの茎《くき》が伸《の》びて、つぼみをつけるようになります。これを茎立《くくたち》といいます。くきだち、とも読《よ》みます。

大小《だいしょう》の畑《はた》のものみな茎立《くくた》てる　高浜《たかはま》虚子《きょし》

雨降《あめふ》れば降《ふ》るとてたのし茎立《くくた》てる　星野《ほしの》立子《たつこ》

【下萌《したもえ》】冬《ふゆ》の間《あいだ》枯《か》れていた大地《だいち》のあちこちから、いろいろな草《くさ》が生《は》えてくることです。そのほのかな緑《みどり》には、春《はる》の息吹《いぶき》を感《かん》じます。少《すこ》し伸《の》びてきて、緑《みどり》が目立《めだ》つようになることを草青《くさあお》むといいます。

下萌《したも》ゆと思《おも》ひそめたる一日《ひとひ》かな　松本《まつもと》たかし

下萌《したもえ》にねぢ《じ》ふせられてゐ《い》る子《こ》かな　星野立子《ほしのたつこ》

【ものの芽《め》】春《はる》になって生《は》えてくる、いろいろな植物《しょくぶつ》の芽《め》をいいます。木《こ》の芽《め》も草《くさ》の芽《め》も含《ふく》めた芽《め》のことです。

ほぐれんとして傾《かたむ》ける物芽《ものめ》かな　中村汀女《なかむらていじょ》

ものの芽《め》のほぐれほぐるる朝寝《あさね》かな　松本《まつもと》たかし

【若草《わかくさ》】春《はる》に芽吹《めぶ》いた、若々《わかわか》しくやわらかな草《くさ》のことです。春《はる》の草《くさ》ともいいますが、それよりもっとみずみずしい感《かん》じです。

若草《わかくさ》に麒麟《きりん》の首《くび》が下《お》りてくる　神谷九品《かみやくほん》

若草《わかくさ》に置《お》かれてくもる管楽器《かんがっき》　小島《こじま》　健《けん》

【すみれ】野《の》や山《やま》に咲《さ》くかれんな草花《くさばな》です。紫色《むらさきいろ》の花《はな》をうつむきかげんに咲《さ》かせます。花《はな》すみれともいいます。

山路《やまじ》来《き》て何《なに》やらゆかしすみれ草《ぐさ》　芭蕉《ばしょう》

菫程《すみれほど》な小《ちい》さき人《ひと》に生《うま》れたし　夏目漱石《なつめそうせき》

すみれ踏《ふ》みしなやかに行《ゆ》く牛《うし》の足《あし》　秋元不死男《あきもとふじお》

【パンジー】スミレ科《か》の園芸植物《えんげいしょくぶつ》です。花《はな》びらは大《おお》きく、紫《むらさき》、黄《き》、白《しろ》などではなやかに彩《いろど》られています。三色《さんしょく》すみれともいい、公園《こうえん》などに植《う》えられています。

パンジーの畑蝶《はたちょう》を呼《よ》び人《ひと》を呼《よ》ぶ　松本《まつもと》たかし

パンジーの鉢《はち》鉄階《てっかい》の上《うえ》に置《お》く　池田秀水《いけだしゅうすい》

【げんげ】げんげは、れんげ草《そう》のことです。げんげんとも呼《よ》びます。マメ科《か》の草花《くさばな》で、家畜《かちく》の飼料《しりょう》や、田《た》んぼの肥《こ》やしにするために栽培《さいばい》されてきました。濃《こ》いピンク色《いろ》の、蝶《ちょう》のような形《かたち》の花《はな》が咲《さ》き広《ひろ》がるさまは、春《はる》ののどかさに満《み》ちています。

野道行《のみちゆ》けばげんげんの束《たば》のすててある　正岡子規《まさおかしき》

とぶ鮒《ふな》を紫雲英《げんげ》の中《なか》に押《お》さへけり　水原秋櫻子《みずはらしゅうおうし》

踏《ふ》み込《こ》んで大地《だいち》が固《かた》しげんげ畑《ばた》　橋本多佳子《はしもとたかこ》

【クローバー】白《しろ》いぼんぼんのような花《はな》で、葉《は》はハートが三《みっ》つ集《あつ》まった形《かたち》をした草花《くさばな》です。葉《は》のハートが四枚《よんまい》あるものを四《よ》つ葉《ば》のクローバーといって、見《み》つけると幸《しあわ》せになるといわれています。しろつめ草《ぐさ》ともいい、家畜《かちく》の飼料《しりょう》になるうまごやしに葉《は》の形《かたち》がよく似《に》ているのでうまごやしともいいます。

蝶《ちょう》去《さ》るや葉《は》とぢて眠《ねむ》るうまごやし　杉田久女《すぎたひさじょ》
クローバや蜂《はち》が羽音《はおと》を縮《ちぢ》め来《き》て　深見《ふかみ》けん二《じ》

【なずな】花《はな》なずなともいいます。道《みち》ばたやあき地《ち》などいたる所《ところ》に生《は》える、春《はる》の七草《ななくさ》の一《ひと》つです。春《はる》には十字《じゅうじ》の白《しろ》い細《こま》かい花《はな》を咲《さ》かせます。三味線《しゃみせん》のばちのような三角形《さんかくけい》の小《ちい》さな実《み》をつけるので、ぺんぺん草《ぐさ》とか、三味線草《しゃみせんぐさ》ともいいます。

よくみれば薺花《なずなはな》さく垣《かき》ねかな　芭蕉《ばしょう》
妹《いも》が垣根《かきね》さみせん草《ぐさ》の花咲《はなさき》ぬ　蕪村《ぶそん》
猫《ねこ》のゐ《い》てぺんぺん草《ぐさ》を食《は》みにけり　村上鬼城《むらかみきじょう》

【たんぽぽ】春《はる》になると、地《ち》にばらまいたように咲《さ》く、黄色《きいろ》い菊《きく》のような草花《くさばな》です。どこにでも咲《さ》いているので、誰《だれ》にでも親《した》しまれています。いっぱんには黄色《きいろ》い花《はな》をさしますが、白《しろ》いたんぽぽもあります。花《はな》が終《お》わると綿毛《わたげ》が出《で》てきて、種《たね》をつけて風《かぜ》に飛《と》んでいきます。これをたんぽぽのわたといいます。

たんぽぽのサラダの話《はなし》野《の》の話《はなし》　高野素十《たかのすじゅう》
蒲公英《たんぽぽ》や日《ひ》はいつまでも大空《おおぞら》に　中村汀女《なかむらていじょ》
荒天《こうてん》の海《うみ》にたんぽぽ黄《き》をつよむ　桂《かつら》　信子《のぶこ》
一息《ひといき》でたんぽぽの絮《わた》吹《ふ》き切《き》れず　田渕志野《たぶちしの》
たんぽぽが電信柱《でんしんばしら》背負《せお》ってる　海津光太郎《かいつこうたろう》（小6）

【つくし】つくしは、早春《そうしゅん》の土手《どて》やあぜの明《あか》るい所《ところ》に生《は》えているすぎなの胞子茎《ほうしけい》で、筆《ふで》のような形《かたち》をしているので土筆《つくし》と書《か》きます。つくづくしとか、つくしんぼともいいます。摘《つ》んでつくだ煮《に》などにして食《た》べます。すぎなも春《はる》の季語《きご》です。

つくづくしほうけては日《ひ》の影《かげ》ぼうし　召波《しょうは》
土筆《つくし》煮《に》て飯食《めしく》ふ夜《よる》の台所《だいどころ》　正岡子規《まさおかしき》
ままごとの飯《めし》もおさいも土筆《つくし》かな　星野立子《ほしのたつこ》
一握《ひとにぎ》りとはこれほどのつくしんぼ　清崎敏郎《きよさきとしお》

【桜草《さくらそう》】川《かわ》べりの野原《のはら》などに咲《さ》く草花《くさばな》です。大《おお》きな葉《は》の間《あいだ》から茎《くき》を出《だ》し、その先《さき》に濃《こ》いピンクの、桜《さくら》に似《に》た花《はな》をつけます。プリムラともいいます。

桜草《さくらそう》の鉢《はち》またがねばならぬかな　高浜虚子《たかはまきょし》

アルプスの雪痕窓《せっこんまど》に桜草《さくらそう》　山口青邨《やまぐちせいそん》

【わらび】山《やま》に生《は》える、シダの一種《いっしゅ》です。開《ひら》く前《まえ》の葉《は》は、にぎりこぶしのように小《ちい》さくかたくまるまっていて、細《こま》かな毛《け》でおおわれています。わらびを摘《つ》むことをわらび狩《がり》といい、おひたしにしたり、干《ほし》わらびにして食《た》べます。

金色《きんいろ》の仏《ほとけ》ぞおはす蕨《わらび》かな　水原秋櫻子《みずはらしゅうおうし》

早蕨《さわらび》や今日《きょう》いきいきと土不踏《つちふまず》　草間時彦《くさまときひこ》

【犬《いぬ》ふぐり】道《みち》ばたや田《た》んぼのあぜなどに生《は》える小《ちい》さな草花《くさばな》で、春先《はるさき》に、直径一《ちょっけいいっ》センチくらいの青《あお》い花《はな》を咲《さ》かせます。小《ちい》さいので見《み》つけにくいのですが、よく見《み》るとたくさんかたまって咲《さ》いていることがあります。

いぬふぐり星《ほし》のまたたく如《ごと》くなり　高浜虚子《たかはまきょし》

古利根《ふるとね》の春《はる》は遅々《ちち》たり犬《いぬ》ふぐり　富安風生《とみやすふうせい》

友達《ともだち》の影《かげ》やはらかく犬《いぬ》ふぐり　川崎展宏《かわさきてんこう》

わらび

【母子草《ははこぐさ》】道《みち》ばたなどに生《は》える草花《くさばな》です。春《はる》の七草《ななくさ》のごぎょうは母子草《ははこぐさ》のことで、若《わか》い茎《くき》や葉《は》は新年《しんねん》の七草《ななくさ》がゆに入《い》れます。全体《ぜんたい》にやわらかな白《しろ》い毛《け》におおわれていて、てっぺんにつつましい黄色《きいろ》い花《はな》をつけます。

老《お》いて尚《なお》なつかしき名《な》の母子草《ははこぐさ》　高浜虚子《たかはまきょし》
母子草《ははこぐさ》やさしき名《な》なり莟《つぼみ》もち　山口青邨《やまぐちせいそん》

【ふきのとう】ふきのとうは、ふきの花芽《はなめ》です。ふきの芽《め》、ふきの花《はな》ともいいます。野山《のやま》に雪《ゆき》が残《のこ》るころ、土《つち》の間《あいだ》からひっそりと浅緑色《あさみどりいろ》のふきのとうが顔《かお》を出《だ》していると、ようやく春《はる》が来《き》たという感《かん》じがします。摘《つ》んで、ふきみそや天《てん》ぷらにして、ほろ苦《にが》い風味《ふうみ》を楽《たの》しみます。

水《みず》ぐるまひかりやまずよ蕗《ふき》の薹《とう》　木下夕爾《きのしたゆうじ》
蕗《ふき》の薹《とう》食《た》べる空気《くうき》を汚《よご》さずに　細見綾子《ほそみあやこ》
寒《さむ》さ《そ》うにあたたかさ《そ》うにふきのた《と》う　岩岡中正《いわおかなかまさ》

【よもぎ】葉《は》が菊《きく》に似《に》た植物《しょくぶつ》で、あぜ道《みち》や土手《どて》などいたる所《ところ》に生《は》えます。萌《も》え出《で》たばかりの若葉《わかば》には強《つよ》い香《かお》りがあり、草餅《くさもち》の材料《ざいりょう》にするので、もち草《ぐさ》ともいいます。また乾燥《かんそう》させて、おきゅうのもぐさにもします。

ふきのとう

ひざまづき蓬《よもぎ》の中《なか》に摘《つ》みにけり　高野素十《たかのすじゅう》

俎《まないた》の蓬《よもぎ》を刻《きざ》みたるみどり　山口誓子《やまぐちせいし》

【あざみ】野山《のやま》に咲《さ》く草花《くさばな》です。ブラシのような形《かたち》の紅紫色《べにむらさきいろ》の花《はな》で、茎《くき》や葉《は》にはとげがあり、葉《は》はギザギザしています。花《はな》あざみともいいます。

花薊《はなあざみ》露《つゆ》珊々《さんさん》と葉《は》をのべぬ※38　飯田蛇笏《いいだだこつ》

くもり来《き》しひかりのなかの薊《あざみ》かな　久保田万太郎《くぼたまんたろう》

【あしの角《つの》】あしの芽《め》をいいます。あしは水辺《みずべ》に生《は》える丈《たけ》の高《たか》いイネ科《か》の植物《しょくぶつ》で、とがった芽《め》が動物《どうぶつ》の角《つの》のようなのでこう呼《よ》びます。あしかびともいいます。

日《ひ》の当《あた》る水底《みなそこ》にして蘆《あし》の角《つの》　高浜虚子《たかはまきょし》

さざ波《なみ》の来《く》るたび消《き》ゆる蘆《あし》の角《つの》　上村占魚《うえむらせんぎょ》

【わかめ】海岸《かいがん》に生《は》える海草《かいそう》で、やわらかく、みそ汁《しる》などに入《い》れて食《た》べます。舟《ふね》で海《うみ》に出《で》て、竹《たけ》の先《さき》に小《ちい》さな鎌《かま》をつけたもので刈《か》りとります。

みちのくの淋代《さびしろ》※39の浜若布《はまわかめ》寄《よ》す　山口青邨《やまぐちせいそん》

あしの角

※38　**のべぬ**……文語《ぶんご》の表現《ひょうげん》です。「のばした」の意味《いみ》。

※39　**淋代《さびしろ》の浜《はま》**……青森県《あおもりけん》八戸《はちのへ》の北《きた》にあります。

読者《どくしゃ》のみなさんへ

俳句《はいく》は、わずか十七音《じゅうななおん》ほどでつくられる文芸作品《ぶんげいさくひん》です。その多《おお》くは、五《ご》音《おん》・七音《ななおん》・五音《ごおん》の調《しら》べを持《も》った文節《ぶんせつ》で構成《こうせい》され、季節《きせつ》を表《あらわ》すことば「季語《きご》」を入《い》れてつくられます。

また、「文語《ぶんご》」という古《ふる》い文体《ぶんたい》で表現《ひょうげん》されることが多《おお》いので、少《すこ》し難《むずか》しく感《かん》じられるかもしれません。

この『新《しん》 俳句《はいく》・季語事典《きごじてん》』では、「季語《きご》」をわかりやすく、身近《みぢか》に感《かん》じられるように解説《かいせつ》し、その季語《きご》を使《つか》った俳句《はいく》(例句《れいく》といいます)には、名句《めいく》としてよく知《し》られた作品《さくひん》や、読《よ》む人《ひと》が共感《きょうかん》できるものを選《えら》ぶように心《こころ》がけました。それらの俳句《はいく》は、たとえ、今読《いまよ》んでわからなくても、いつかすんなりと心《こころ》に入《はい》ってくることでしょう。

俳句《はいく》は、日々《ひび》の暮《くら》しの中《なか》で、季節《きせつ》の小《ちい》さな変化《へんか》に気《き》づいて、はっとしたり、おやっと思《おも》ったりしたことを書《か》きとめるものです。忘《わす》れないうちに、ほんのちょっと立《た》ち止《ど》まって、短《みじか》い日記《にっき》を書《か》くように、また一枚《いちまい》のスケッチや写真《しゃしん》に残《のこ》すような気持《きも》ちで、五七五《ごしちご》にまとめてみませんか。

そのとき、何《なに》かぴったりとした季語《きご》がないかどうか、ぜひこの本《ほん》で探《さが》してみてください。

石田郷子《いしだきょうこ》

	俳人名	読み	掲載頁
ふ	深見けん二	ふかみけんじ	43, 48, 68, 71
	福永耕二	ふくながこうじ	27, 37
	福原　実	ふくはらみのる	46
	藤田湘子	ふじたしょうし	20
	藤田美代子	ふじたみよこ	45
	藤松遊子	ふじまつゆうし	55
	藤原日佐子	ふじわらひさこ	52
	蕪村	ぶそん	3, 18, 22, 28, 33, 45, 51, 61, 66, 71
ほ	星野立子	ほしのたつこ	24, 29, 47, 50, 60, 65, 68, 69, 72
	星野麥丘人	ほしのばっきゅうじん	17
	細川加賀	ほそかわかが	15, 40
	細田未来 (小2)	ほそだみらい	65
	細見綾子	ほそみあやこ	29, 52, 60, 65, 66, 74
	細谷てる子	ほそやてるこ	38
	保田ゆり女	ほだゆりじょ	19
	堀　葦男	ほりあしお	64
	堀　風祭子	ほりふうさいし	68
ま	前田普羅	まえだふら	25, 62
	牧野寥々	まきのりょうりょう	27
	真喜屋牧也	まきやまきなり	59
	正岡子規	まさおかしき	17, 32, 70, 72
	正木ゆう子	まさきゆうこ	51
	増田龍雨	ますだりゅうう	16
	松浦敬親	まつうらけいしん	51
	松岡ひでたか	まつおかひでたか	17
	松岡六花女	まつおかりかじょ	35
	松根東洋城	まつねとうようじょう	21
	松本たかし	まつもとたかし	40, 46, 54, 59, 61, 69, 70
み	三浦泰子 (小2)	みうらやすこ	47
	水原秋櫻子	みずはらしゅうおうし	44, 51, 56, 59, 70, 73
	皆吉爽雨	みなよしそうう	44
	宮本　鈴	みやもとすず	65
	宮本由太加	みやもとゆたか	28
む	村上鬼城	むらかみきじょう	20, 43, 50, 55, 58, 71
	村上喜代子	むらかみきよこ	46
	村越化石	むらこしかせき	29
	村沢夏風	むらさわかふう	63
も	本井　英	もといえい	36

	俳人名	読み	掲載頁
	本宮銑太郎	もとみやせんたろう	39
	森　澄雄	もりすみお	25, 36, 48, 63
	森　久子	もりひさこ	47
や	八木澤高原	やぎさわこうげん	44
	八幡里洋	やはたりよう	36
	山口誓子	やまぐちせいし	12, 20, 25, 55, 75
	山口青邨	やまぐちせいそん	16, 61, 73, 74, 75
	山口草堂	やまぐちそうどう	62
	山口波津女	やまぐちはつじょ	53
	山崎ひさを	やまざきひさを	34
	山田　葵	やまだあおい	30, 31
	山田みづえ	やまだみづえ	14, 17, 26
	山畑禄郎	やまはたろくろう	36
	山吉空果	やまよしくうか	13
よ	横尾　歩 (小2)	よこおあゆみ	54
	吉岡禅寺洞	よしおかぜんじどう	16
	吉川賢史 (小6)	よしかわたかふみ	26
	吉田鴻司	よしだこうじ	32
	米沢吾亦紅	よねざわわれもこう	54
ら	嵐雪	らんせつ	57
り	龍　橙風子	りゅうとうふうし	14
わ	渡辺鳴水	わたなべめいすい	41

	俳人名	読み	掲載頁
こ	河野南畦	こうのなんけい	29
	古賀まり子	こがまりこ	35, 64
	木暮陶句郎	こぐれとうくろう	50
	小島　健	こじまけん	69
	小平夏子（小5）	こだいらなつこ	28
	後藤綾子	ごとうあやこ	53
	後藤比奈夫	ごとうひなお	24, 46
	木幡冬馬	こはたとうま	28
さ	西東三鬼	さいとうさんき	34
	境野大波	さかいのだいは	43
	佐々木　瞳（4歳）	ささきひとみ	55
	佐藤漾人	さとうようじん	31
	佐野まもる	さのまもる	30
	沢木欣一	さわききんいち	13
し	柴田白葉女	しばたはくようじょ	14
	芝　不器男	しばふきお	22, 36
	嶋田一歩	しまだいっぽ	37
	島村　元	しまむらはじめ	50, 66
	下田実花	しもだじっか	33
	召波	しょうは	72
	菖蒲あや	しょうぶあや	53
す	杉立悦子	すぎたちえつこ	28
	杉田久女	すぎたひさじょ	64, 71
	鈴木　郁	すずきいく	33
	鈴木六林男	すずきむりお	14
た	高木晴子	たかぎはるこ	19, 21, 32
	高野素十	たかのすじゅう	34, 45, 60, 63, 64, 65, 72, 75
	高野万里	たかのまり	38
	鷹羽狩行	たかはしゅぎょう	14
	高浜虚子	たかはまきょし	15, 23, 26, 31, 33, 34, 37, 42, 48, 59, 67, 68, 73, 74, 75
	高屋窓秋	たかやそうしゅう	2, 58
	滝沢伊代次	たきざわいよじ	26
	田中甫村	たなかほそん	39
	田辺彩香（小4）	たなべあやか	65
	田辺香代子	たなべかよこ	22
	種田山頭火	たねださんとうか	29
	田渕志野	たぶちしの	72
ち	千葉皓史	ちばこうし	22, 35
つ	津田清子	つだきよこ	56
	堤俳一佳	つつみはいいっか	45
	坪内稔典	つぼうちとしのり	15
て	寺山修司	てらやましゅうじ	67
と	年森慎一（小1生）	としもりしんいち	56
	殿村菟絲子	とのむらとしこ	53
	富田直治	とみたなおじ	34
	富安風生	とみやすふうせい	22, 24, 30, 33, 43, 58, 73
	ともたけりつ子	ともたけりつこ	27, 52
な	永井東門居	ながいとうもんきょ	16
	中田みずほ	なかだみずほ	56
	中丸　涼	なかまるりょう	27, 45
	長嶺千晶	ながみねちあき	37, 38
	中村草田男	なかむらくさたお	41, 43, 62, 64, 67
	中村苑子	なかむらそのこ	46
	中村汀女	なかむらていじょ	7, 24, 26, 30, 33, 59, 63, 65, 69, 72
	中村瑞穂	なかむらみずほ	66
	那須乙郎	なすおつろう	36
	夏井いつき	なついいつき	29
	夏目漱石	なつめそうせき	22, 30, 51, 70
	行方克巳	なめかたかつみ	45
	成田千空	なりたせんくう	32
	成瀬櫻桃子	なるせおうとうし	19
	名和三幹竹	なわさんかんちく	13
に	西村和子	にしむらかずこ	46, 68
	西山泊雲	にしやまはくうん	14
の	野路斉子	のじせいこ	23
	野見山朱鳥	のみやまあすか	21
	野村研三	のむらけんぞう	18
	野村登四郎	のむらとしろう	12
は	橋本鶏二	はしもとけいじ	24
	橋本多佳子	はしもとたかこ	56, 70
	芭蕉	ばしょう	18, 25, 29, 40, 50, 52, 57, 58, 60, 62, 70, 71
	長谷川　櫂	はせがわかい	30, 42, 49, 61
	長谷川かな女	はせがわかなじょ	33
	波多野爽波	はたのそうは	66
	林　翔	はやししょう	19
	林　徹	はやしてつ	53
	林原耒井	はやしばららいせい	68
	原子公平	はらここうへい	32
	伴　貴光（小2）	ばんたかみつ	37
ひ	日野草城	ひのそうじょう	18, 21, 22, 24
	広瀬蕗葉	ひろせろよう	55

春／俳人索引

	俳人名	読み	掲載頁
あ	相生垣瓜人	あいおいがきかじん	13
	青木月斗	あおきげっと	25
	青柳志解樹	あおやぎしげき	13
	秋田直人（5歳）	あきたなおと	58
	秋野　恒	あきのこう	66
	秋元不死男	あきもとふじお	70
	芥川龍之介	あくたがわりゅうのすけ	35, 62
	朝倉和江	あさくらかずえ	26
	安住　敦	あずみあつし	20, 39, 47
	阿部みどり女	あべみどりじょ	18, 27
	飴山　實	あめやまみのる	16, 43
い	飯島晴子	いいじまはるこ	48, 55
	飯田蛇笏	いいだだこつ	42, 75
	飯田龍太	いいだりゅうた	40, 49, 50
	藺草慶子	いぐさけいこ	26, 44,
	池内たけし	いけのうちたけし	62
	池内友次郎	いけのうちともじろう	27, 59
	池田秀水	いけだしゅうすい	70
	池田澄子	いけだすみこ	58
	いさ桜子	いささくらこ	44
	石川桂郎	いしかわけいろう	37, 49, 51
	石　寒太	いしかんた	52
	石嶌　岳	いしじまがく	57, 67
	石田あき子	いしだあきこ	38
	石田勝彦	いしだかつひこ	40
	石田郷子	いしだきょうこ	32, 35
	石田波郷	いしだはきょう	12, 62
	石塚友二	いしづかともじ	13
	石原八束	いしはらやつか	38
	市村不先	いちむらふせん	42
	一茶	いっさ	4, 12, 31, 41, 50, 52, 57
	稲畑汀子	いなはたていこ	37
	今井杏太郎	いまいきょうたろう	20, 46
	今井千鶴子	いまいちづこ	23
	今村　将（小6）	いまむらまさし	65
	岩岡中正	いわおかなかまさ	74
う	上田日差子	うえだひざし	35
	上村占魚	うえむらせんぎょ	14, 54, 75
	宇咲冬男	うさきふゆお	19
	宇多喜代子	うだきよこ	17, 34
	浦川聡子	うらかわさとこ	49
え	遠藤梧逸	えんどうごいつ	63
お	及川　貞	おいかわてい	15

	俳人名	読み	掲載頁
	生出鬼子	おいできし	25
	大木あまり	おおきあまり	42, 49
	大須賀乙字	おおすがおつじ	45
	大高　翔	おおたかしょう	47, 48
	大嶽青児	おおたけせいじ	17
	大野林火	おおのりんか	55, 63
	大場白水郎	おおばはくすいろう	21
	岡本春人	おかもとはるひと	48
	岡本　眸	おかもとひとみ	23, 29, 41, 44, 61
	奥坂まや	おくざかまや	14, 52
	尾崎放哉	おざきほうさい	32
	尾中　彩（小1）	おなかあや	54
	折笠美秋	おりがさびしゅう	55
か	海津篤子	かいづあつこ	16, 47
	海津光太郎（小6）	かいつこうたろう	72
	加倉井秋を	かくらいあきを	56
	片山由美子	かたやまゆみこ	57
	勝又一透	かつまたいっとう	17
	桂　信子	かつらのぶこ	12, 18, 60, 72
	加藤楸邨	かとうしゅうそん	19, 49
	加藤三七子	かとうみなこ	61
	金子兜太	かねことうた	12, 58
	神谷九品	かみやくほん	69
	川崎展宏	かわさきてんこう	15, 27, 28, 31, 73
	河野ふゆめ（小6）	かわのふゆめ	40
	川端茅舎	かわばたぼうしゃ	21, 31, 51, 53, 56
	川原つう	かわはらつう	37
	河東碧梧桐	かわひがしへきごとう	5, 57
き	基角	きかく	51
	如月真菜	きさらぎまな	39
	岸田稚魚	きしだちぎょ	23, 62
	岸本尚毅	きしもとなおき	41
	木下夕爾	きのしたゆうじ	23, 26, 66, 74
	木村ゆうた（小3）	きむらゆうた	58
	京極杞陽	きょうごくきよう	33
	清崎敏郎	きよさきとしお	42, 72
	銀林晴生	ぎんばやしはるお	23
く	草間時彦	くさまときひこ	48, 64, 73
	楠本憲吉	くすもとけんきち	41
	轡田　進	くつわだすすむ	19, 38
	久保田万太郎	くぼたまんたろう	7, 12, 17, 20, 25, 54, 67, 75
	久保より江	くぼよりえ	49
	黒田さつき	くろださつき	42

	季語・傍題	読み	掲載頁
	春深し	はるふかし	18
	春深む	はるふかむ	18
	春祭り	はるまつり	40
	春満月	はるまんげつ	24
	春めく	はるめく	15
	春休み	はるやすみ	36
	バレンタインデー	ばれんたいんでー	35
	万愚節	ばんぐせつ	38
	パンジー	ぱんじー	70
ひ	ひいな		40
	日陰雪	ひかげゆき	31
	光る風	ひかるかぜ	27
	彼岸	ひがん	17
	彼岸の入り	ひがんのいり	17
	ひし	ひしもち	40
	ひなあられ		40
	日永	ひなが	22
	ひな		40
	ひな祭り	ひなまつり	40
	ひばり		51
	ヒヤシンス	ひやしんす	66
ふ	風船	ふうせん	46
	ふきのとう		74
	ふきの花	ふきのはな	74
	ふきの芽	ふきのめ	74
	藤	ふじ	60
	藤棚	ふじだな	60
	復活祭	ふっかつさい	38
	仏生会	ぶっしょうえ	40
	ふらここ		47
	ぶらんこ		47
	フリージア	ふりーじあ	64
	プリムラ	ぷりむら	73
へ	ぺんぺん草	ぺんぺんぐさ	71
	遍路	へんろ	41
ほ	ほうれんそう		68
	干わらび	ほしわらび	73
	ぼたん雪	ぼたんゆき	28
ま	豆の花	まめのはな	67
み	蜜蜂	みつばち	56
	みどりの日	みどりのひ	38
	水温む	むずぬるむ	32
む	睦月	むつき	13

	季語・傍題	読み	掲載頁
め	目借り時	めかりどき	23
	芽立ち	めだち	62
	芽吹く	めぶく	62
も	木蓮	もくれん	59
	ものの芽	もののめ	69
	桃の節句	もものせっく	40
	桃の花	もものはな	60
	紋白蝶	もんしろちょう	55
や	八重桜	やえざくら	58
	柳	やなぎ	62
	山吹	やまぶき	60
	山笑う	やまわらう	32
	弥生	やよい	18
ゆ	夕桜	ゆうざくら	58
	夕永し	ゆうながし	22
	雪解	ゆきげ	31
	雪解風	ゆきげかぜ	31
	雪解川	ゆきげがわ	31
	雪解雫	ゆきげしずく	31
	雪解け	ゆきどけ	31
	雪残る	ゆきのこる	31
	行く春	ゆくはる	18
よ	余寒	よかん	15
	夜桜	よざくら	58
	よもぎ	よもぎ	74
	よもぎ	よもぎもち	41
ら	落第	らくだい	36
	落花	らっか	58
り	立春	りっしゅん	13
	りんごの花	りんごのはな	61
れ	レタス	れたす	68
	れんげ草	れんげそう	70
わ	若草	わかくさ	69
	わかめ		75
	わすれなぐさ		64
	わらび		73
	わらび狩	わらびがり	73

	季語・傍題	読み	掲載頁
	猫の恋	ねこのこい	49
	猫柳	ねこやなぎ	63
の	野遊び	のあそび	44
	残る寒さ	のこるさむさ	15
	のどか		21
	のどけし		21
	野火	のび	43
	野焼き	のやき	43
は	梅園	ばいえん	57
	梅林	ばいりん	57
	白木蓮	はくれん	59
	蜂	はち	56
	八十八夜	はちじゅうはちや	19
	初午	はつうま	35
	初蝶	はつちょう	55
	初音	はつね	51
	花	はな	58
	花あざみ	はなあざみ	75
	花曇り	はなぐもり	30
	花すみれ	はなすみれ	70
	花大根	はなだいこん	66
	花種まく	はなだねまく	44
	花椿	はなつばき	57
	花菜	はなな	65
	花の冷え	はなのひえ	22
	花冷え	はなびえ	22
	花吹雪	はなふぶき	58
	花祭り	はなまつり	40
	花見	はなみ	58
	花御堂	はなみどう	40
	花りんご	はなりんご	61
	母子草	ははこぐさ	74
	はまぐり		53
	針納め	はりおさめ	39
	針供養	はりくよう	39
	針祭る	はりまつる	39
	春	はる	12
	春浅し	はるあさし	14
	春嵐	はるあらし	27
	春荒れ	はるあれ	27
	春一番	はるいちばん	26
	春うれい	はるうれい	48
	春惜しむ	はるおしむ	18
	春風	はるかぜ	26

	季語・傍題	読み	掲載頁
	春かなし	はるかなし	48
	春川	はるかわ	33
	春来る	はるくる	13
	春ごたつ	はるごたつ	42
	春寒	はるさむ	14
	春寒し	はるさむし	14
	春雨	はるさめ	28
	春三番	はるさんばん	26
	春時雨	はるしぐれ	28
	春田	はるた	33
	春立つ	はるたつ	13
	春灯	はるともし	42
	春二番	はるにばん	26
	春眠し	はるねむし	48
	春のあけぼの	はるのあけぼの	19
	春の朝	はるのあさ	19
	春の雨	はるのあめ	28
	春の磯	はるのいそ	33
	春の海	はるのうみ	33
	春の風邪	はるのかぜ	47
	春の川	はるのかわ	33
	春の草	はるのくさ	69
	春の雲	はるのくも	24
	春の暮	はるのくれ	20
	春の寒さ	はるのさむさ	14
	春の瀬	はるのせ	33
	春の空	はるのそら	24
	春の月	はるのつき	24
	春の土	はるのつち	34
	春の泥	はるのどろ	34
	春の渚	はるのなぎさ	33
	春の浜	はるのはま	33
	春の日	はるのひ	23
	春の灯	はるのひ	42
	春の光	はるのひかり	23
	春の昼	はるのひる	20
	春の星	はるのほし	25
	春の山	はるのやま	32
	春の闇	はるのやみ	25
	春の夕べ	はるのゆうべ	20
	春の雪	はるのゆき	28
	春の夜	はるのよ	20
	春の雷	はるのらい	29
	春はやて	はるはやて	27

	季語・傍題	読み	掲載頁
	下萌	したもえ	69
	地虫出ず	じむしいず	16
	しやぼん玉	しゃぼんだま	46
	三味線草	しゃみせんぐさ	71
	鞦韆	しゅうせん	47
	受験	じゅけん	36
	春寒	しゅんかん	14
	春暁	しゅんぎょう	19
	春月	しゅんげつ	24
	春光	しゅんこう	23
	春愁	しゅんしゅう	48
	春星	しゅんせい	25
	春雪	しゅんせつ	28
	春昼	しゅんちゅう	20
	春泥	しゅんでい	34
	春灯	しゅんとう	42
	しゅんぷう		26
	春分	しゅんぶん	16
	春分の日	しゅんぶんのひ	16
	春眠	しゅんみん	48
	春雷	しゅんらい	29
	白魚	しらうお	52
	白藤	しらふじ	60
	白酒	しろざけ	40
	しろつめ草	しろつめぐさ	71
	進級	しんきゅう	36
	沈丁	じんちょう	59
	沈丁花	じんちょうげ	59
	新入生	しんにゅうせい	37
す	すぎな		72
	杉の花粉	すぎのかふん	62
	杉の花	すぎのはな	62
	すみれ		70
せ	剪定	せんてい	43
そ	早春	そうしゅん	14
	卒業	そつぎょう	36
	卒業歌	そつぎょうか	36
	卒業子	そつぎょうし	36
	卒業証書	そつぎょうしょうしょ	36
	卒業生	そつぎょうせい	36
	染め卵	そめたまご	38
た	大根の花	だいこんのはな	66
	大試験	だいしけん	36
	耕し	たがやし	43
	竹の秋	たけのあき	63
	凧	たこ	45
	たにし		54
	たにし鳴く	たにしなく	54
	誕生仏	たんじょうぶつ	40
	たんぽぽ		72
	たんぽぽのわた		72
ち	竹秋	ちくしゅう	63
	遅日	ちじつ	22
	ちしゃ		68
	茶摘み	ちゃつみ	44
	中日	ちゅうにち	16
	チューリップ	ちゅーりっぷ	65
	蝶	ちょう	55
つ	つくし		72
	つくしんぼ		72
	つくづくし		72
	つつじ		59
	椿	つばき	57
	つばくらめ		52
	つばくろ		52
	つばめ		52
	摘草	つみくさ	45
	強東風	つよごち	26
と	鳥帰る	とりかえる	49
	鳥曇り	とりぐもり	30
	鳥の巣	とりのす	52
な	永き日	ながきひ	22
	梨の花	なしのはな	61
	なずな		71
	菜種梅雨	なたねづゆ	28
	菜種の花	なたねのはな	65
	夏近し	なつちかし	19
	夏隣	なつどなり	19
	菜の花	なのはな	65
に	二月	にがつ	12
	にな		55
	になの道	になのみち	55
	二の午	にのうま	35
	入学	にゅうがく	37
	入学試験	にゅうがくしけん	36
	二ン月	にんがつ	12
ね	ねぎの花	ねぎのはな	67
	ねぎ坊主	ねぎぼうず	67

春の季語索引

	季語・傍題	読み	掲載頁
あ	揚げひばり	あげひばり	51
	あざみ		75
	あさり		53
	あさり汁	あさりじる	53
	あしかび		75
	あしの角	あしのつの	75
	暖か	あたたか	21
	アネモネ	あねもね	64
	淡雪	あわゆき	28
い	イースターエッグ	いーすたーえっぐ	38
	いかのぼり		45
	一年生	いちねんせい	37
	一の午	いちのうま	35
	いとゆう		30
	犬ふぐり	いぬふぐり	73
う	うぐいす		51
	うぐいすの谷渡り	うぐいすのたにわたり	51
	うすごおり		34
	薄氷	うすらい	34
	うまごやし		71
	午祭り	うままつり	35
	梅	うめ	57
	梅見	うめみ	57
	うらら		21
	うららか		21
え	エープリルフール	えーぷりるふーる	38
	えのころやなぎ		63
	遠足	えんそく	37
お	黄金週間	おうごんしゅうかん	39
	遅き日	おそきひ	22
	おたまじやくし	おたまじゃくし	50
	落椿	おちつばき	57
	落ちひばり	おちひばり	51
	おぼろ		25
	おぼろ月	おぼろづき	25
か	蚕	かいこ	56
	かえる		50
	かげろう		30
	風車	かざぐるま	46
	かすみ		29
	かすみ立つ	かすみたつ	29
	風光る	かぜひかる	27
	蝌蚪	かと	50
	蝌蚪の紐	かとのひも	50
	亀鳴く	かめなく	49
	蛙	かわず	50
	蛙の目借り時	かわずのめかりどき	23
	寒明くる	かんあくる	13
	寒明け	かんあけ	13
	寒戻る	かんもどる	14
き	如月	きさらぎ	16
	黄水仙	きずいせん	63
	旧正	きゅうしょう	12
	旧正月	きゅうしょうがつ	12
く	くきだち		68
	茎立	くくたち	68
	草青む	くさあおむ	69
	草	くさもち	41
	クローバー	くろーばー	71
	クロッカス	くろっかす	65
け	けいちつ		16
	げんげ		70
	げんげん		70
こ	恋猫	こいねこ	49
	合格	ごうかく	36
	子猫	こねこ	49
	ゴールデンウィーク	ごーるでんうぃーく	39
	蚕飼	こがい	56
	東風	こち	26
	木の芽	このめ	62
さ	冴返る	さえかえる	14
	さえずり		50
	桜	さくら	58
	桜貝	さくらがい	54
	桜草	さくらそう	73
	桜鯛	さくらだい	53
	桜	さくらもち	42
	三月	さんがつ	15
	三色すみれ	さんしょくすみれ	70
	残雪	ざんせつ	31
	三の午	さんのうま	35
し	潮干狩り	しおひがり	44
	四月	しがつ	17
	四月馬鹿	しがつばか	38
	シクラメン	しくらめん	65
	しじみ		54
	しじみ汁	しじみじる	54
	しじみ蝶	しじみちょう	55

●監修：山田みづえ(やまだ・みづえ)

宮城県仙台市生まれ。父・山田孝雄は国語学者。1957年、石田波郷に師事する。1968年、第14回角川俳句賞受賞、1976年、第15回俳人協会賞受賞。1979年、「木語《もくご》」創刊（2004年終刊）。句集に『忘』『手甲』『木語』『草譜』『味爽《まいそう》』『中今』など多数。2013年没。

●著：石田郷子(いしだ・きょうこ)

東京都生まれ。父・石田勝彦、母・いづみは、ともに石田波郷に師事した俳人。1986年、 山田みづえに師事。1996年、 俳人協会新人賞受賞。 2004年、「椋」創刊、著書に、句集『秋の顔』『木の名前』『草の王』『今日も俳句日和 歳時記と歩こう』『季節と出合う 俳句七十二候《しちじゅうにこう》』、編著に、石田いづみ句集『白コスモス』、細見綾子句集『手織《ており》』、監修に『美しい「歳時記」の植物図鑑』など。俳人協会会員、日本文藝家協会会員、椋俳句会代表、星の木同人。
現在は、自然豊かな埼玉県・奥武蔵の谷あいに住み、自宅を山雀亭《やまがらてい》と名づけて、山里での暮しを諷詠《ふうえい》している。作句信条は「自分自身に嘘をつかないこと」。
椋俳句会 http://www.muku-haikukai.com/

新 俳句・季語事典 —— ① 春の季語入門

2020年7月30日 初版 第1刷発行
2022年2月25日 初版 第2刷発行

著者◆石田郷子
監修◆山田みづえ
執筆協力◆藺草慶子・海津篤子・津高里永子・長嶺千晶・山田(川島)葵

企画編集◆岡林邦夫
写真◆内堀たけし・岡林邦夫・前田真三
挿画◆天野真由美

発行◆株式会社 国土社
〒101-0062 東京都千代田区神田駿河台2-5
電話：(03)6272-6125／FAX：(03)6272-6126

印刷◆株式会社 厚徳社
製本◆株式会社 難波製本

NDC911 ISBN978-4-337-16411-6 C8392